AF091803

www.ingramcontent.com/pod-product-compliance
Lightning Source LLC
LaVergne TN
LVHW040104080526
838202LV00045B/3768
* 9 7 8 8 1 9 8 1 2 9 4 2 0 *

مصنوعی ذہانت اور ہم

انتخاب و ترتیب
اشعر نجمی

Bright Books

© Ashar Najmi

Masnooi Zahanat Aur Hum
by Ashar Najmi
Bright Books, Thane, India
1st Edition : October 2024
ISBN: 978-81-981294-2-0

اس کتاب کا کوئی بھی حصہ مصنف یا ناشر کی پیشگی اجازت کے بغیر کسی بھی وضع یا جلد میں کلّی یا جزوی، منتخب یا مکرر اشاعت یا بہ صورت فوٹو کاپی، ریکارڈنگ، الیکٹرانک، میکینیکل یا ویب سائٹ پر اَپ لوڈنگ کے لیے استعمال نہ کیا جائے۔ نیز اس کتاب پر کسی بھی قسم کے تنازعہ کو نمٹانے کا اختیار صرف ممبئی کی عدلیہ کو ہوگا۔

Bright Books

Mira Road East, Dist. Thane, India
nidabattiwala@gmail.com

فہرست

مصنوعی ذہانت اور قدرتی حماقت	یوول نوح حراری	05
جام جمشید اور اے آئی	شمس الرحمٰن فاروقی	09
’مصنوعی ذہانت‘: ایک تمہیدی جائزہ	باقر نقوی	18
ایلن ٹیورنگ: بابائے ’مصنوعی ذہانت‘	باقر نقوی	32
زندگی، ادب اور ٹیکنالوجی	نجیبہ عارف	36
میر کابت کدہ اور مصنوعی ذہانت	ناصر عباس نیر	43
ChatGPT: کیا مشین شاعری کر سکتی ہے؟	سجاد بلوچ	46
کمپیوٹر انسان سے بھی ’افضل‘؟	حسنین جمال	53
مصنوعی ذہانت اور اردو زبان و ادب	محمد خرم یاسین	56
چیٹ جی پی ٹی: خدشات و امکانات	ندیم اقبال	121

فلمی صنعت کے مرکز ہالی ووڈ کے رائٹروں کا غصہ اور خوف اس وقت بڑھ گیا جب 'نیٹ فلکس' اور 'ڈزنی' جیسے فلم اسٹوڈیوز نے اس امکان کو مسترد کرنے سے انکار کر دیا کہ مستقبل میں 'مصنوعی ذہانت' مصنفین کی جگہ لے سکتی ہے۔

رائٹرز گلڈ آف امریکہ اور دیگر احتجاج کرنے والے بعض مصنفین کا ماننا ہے کہ ان کا کام کمپیوٹر نہیں کر سکتا، مشین آرٹ تخلیق نہیں کر سکتی (جیسا کہ ہم بھی اس کے جواز میں طرح طرح کی ادبی دلیلیں پیش کر رہے ہیں)، تاہم فلم پروڈیوسر کہتے ہیں کہ آئندہ تین سال میں آپ دیکھیں گے کہ مصنوعی ذہانت نے ایک فلم لکھی جو اچھی ہوگی۔

اس طرح کے مباحث ہم ماضی میں بھی دیکھ چکے ہیں۔ ہر نئی ٹیکنالوجی ہمیں پہلے کافی بے چین کرتی ہے اور ہماری خود اعتمادی متزلزل کر دیتی ہے، پھر ہم دھیرے دھیرے اس کے عادی ہوتے چلے جاتے ہیں۔ بہت سی مثالیں دی جا سکتی ہیں لیکن 'اِن پیج' کے سافٹ ویئر کو ہی لے لیجیے کہ جب اس نے اشاعتی دنیا میں قدم رکھا تو کافی شور مچا کہ جناب کتابت کی بات ہی کچھ اور ہے، مشین میں وہ بات کہاں جو انسانی دست کاری میں ہے، وغیرہ وغیرہ لیکن کچھ ہی برسوں کے بعد اب شاید ہی کوئی شخص اپنی کتاب کی کمپوزنگ کے لیے کاتب سے رجوع کرتا ہے بلکہ کاتب حضرات بھی کمپیوٹر پر ہی اب اپنا کمال دکھا رہے ہیں۔ مختصر یہ کہ ہم کسی نئی چیز کے تعلق سے فوری ردعمل پیش کرنے میں اکثر جلد بازی دکھاتے ہیں جب کہ ہمیں سمجھنا چاہیے کہ نئی ٹیکنالوجی ہماری مہمان نہیں بلکہ ہمارے ساتھ رہنے آئی ہے، اس لیے اب ہمیں اس کے ساتھ بقائے باہمی کے اصول پر جینا سیکھ لینا چاہیے، 'مصنوعی ذہانت' کے معاملے میں بھی ہمیں اپنے لیے گنجائشیں نکالنے کی ضرورت ہے، بصورت دیگر آپ احتجاج کرنے میں اپنا وقت ضائع کرتے رہیں گے اور زمانہ اپنی چال چل چکا ہوگا۔

'مصنوعی ذہانت' اب تک کی سائنسی دریافت میں سب سے زیادہ تیز رفتار ہے اور دوسری طرف اس کے اثرات تمام شعبۂ حیات پر یکساں پڑنے والے ہیں۔ اس لیے وقت کم ہے اور کام زیادہ کے مصداق ہمیں اپنی مبالغہ آمیز گفتگو پر وقت ضائع کرنے کی بجائے اپنے لیے پناہ گاہیں تلاش کرنی شروع کر دینا چاہیے۔

مصنوعی ذہانت اور قدرتی حماقت

یوول نوح حراری

ترجمہ: زبیر لودھی

خوشخبری کا ایک حصہ تو یہ ہے کہ کم از کم اگلی چند دہائیوں میں ہمیں مصنوعی ذہانت کے شعور حاصل کرنے اور انسانیت کو غلام بنانے یا مٹانے کا فیصلہ کرنے والی سائنس فکشن کے ڈراؤنے خوابوں سے نمٹنے کی ضرورت نہیں ہے۔ ہم تیزی سے الگورتھم پر انحصار کریں گے، لیکن اس بات کا امکان نہیں ہے کہ ہمارے لیے فیصلے کرتے کرتے الگورتھم شعوری طور پر ہم سے ہیرا پھیری کرنے لگے گا۔ کیونکہ وہ کبھی بھی ذی شعور نہیں ہوگا۔

سائنس فکشن ذہانت کو شعور کے ساتھ الجھا دیتا ہے اور یہ فرض کرتا ہے کہ انسانی ذہانت جیسا بننے یا اس سے آگے نکل جانے کے لیے کمپیوٹر کو شعور حاصل کرنا ہوگا۔ تمام فلموں اور ناولوں کا بنیادی پلاٹ اس جادوئی لمحے کے گرد گھومتا ہے جب کمپیوٹر یا روبوٹ کو شعور عطا ہوتا ہے۔ ایک بار جب ایسا ہوتا ہے، تو انسانی ہیرو روبوٹ سے پیار ہو جاتا ہے، یا روبوٹ تمام انسانوں کو مارنے کی کوشش کرتا ہے، یا دونوں چیزیں بیک وقت ہو جاتی ہیں۔

لیکن حقیقت میں، یہ سمجھنے کی کوئی وجہ نہیں ہے کہ مصنوعی ذہانت شعور حاصل کرے گی، کیوں کہ ذہانت اور شعور بہت مختلف چیزیں ہیں۔ ذہانت مسائل کو حل کرنے کی صلاحیت ہے اور شعور چیزوں کو محسوس کرنے کی صلاحیت کا نام ہے۔ جیسے درد، خوشی، محبت اور غصہ وغیرہ، جبکہ ہم

دونوں کو الجھاتے ہیں کیونکہ انسانوں اور دوسرے ممالیہ جانوروں میں ذہانت اور شعور ساتھ ساتھ چلتے ہیں۔ ممالیہ جانور چیزوں کو محسوس کر کے زیادہ تر مسائل کا حل کرتے ہیں۔ تاہم، کمپیوٹر مسائل کو بہت مختلف طریقوں سے حل کرتے ہیں۔

اعلی انٹیلیجنس کی طرف جانے کے لئے بہت سے مختلف راستے ہیں اور ان میں سے صرف چند ایک راستوں میں شعور حاصل کرنا شامل ہے۔ جس طرح ہوائی جہاز پروں کی نشوونما کیے بغیر پرندوں کی نسبت تیز اڑان بھرتے ہیں، اسی طرح کمپیوٹرز بھی بغیر کسی احساس کے ترقی پا کر ممالیہ سے کہیں بہتر مسائل حل کر سکتے ہیں۔ یہ بات بالکل سچ ہے کہ مصنوعی ذہانت کو انسانی بیماریوں کا علاج کرنے، دہشت گردوں کی نشاندہی کرنے، دوستوں کی سفارش کرنے اور پیدل چلنے والوں سے بھری گلی میں چلنے پھرنے کے لئے انسانی احساسات کا درست تجزیہ کرنا ہوگا۔ لیکن وہ یہ سب کام ذاتی احساس نہ رکھتے ہوئے بھی کر سکتا

الگورتھم کو ناراض یا خوفزدہ بندروں کے مختلف بائیوکیمیکل پیٹرن کو پہچاننے کے لیے خود خوشی، غصہ یا خوف محسوس کرنے کی ضرورت نہیں ہے۔

بلاشبہ یہ مکمل طور پر ناممکن نہیں ہے کہ مصنوعی ذہانت اپنے احساسات پیدا کرلے۔ کیونکہ ہم یقینی طور پر شعور کے بارے میں اتنا زیادہ نہیں جانتے ہیں۔ عام طور پر تین امکانات پر ہمیں غور کرنے کی ضرورت ہے۔

کسی نہ کسی طرح شعور کو نامیاتی بائیوکیمسٹری سے اس طرح جوڑا جاتا ہے کہ:

1۔ غیر نامیاتی نظام میں شعور پیدا کرنا کبھی ممکن نہیں ہوگا۔

2۔ شعور کا تعلق نامیاتی بایوکیمسٹری سے نہیں ہے، بلکہ اس کو ذہانت سے اس طرح منسلک کیا گیا ہے کہ کمپیوٹر شعور پیدا کر سکیں اور اگر ذہانت کی ایک خاص دہلیز کو عبور کرنا ہو تو کمپیوٹرز کو شعور پیدا کرنا پڑے گا۔

3۔ شعور اور نامیاتی بایوکیمسٹری یا اعلی ذہانت کے مابین کوئی ضروری روابط نہیں ہیں۔ لہٰذا کمپیوٹر شعور پیدا کر سکتے ہیں لیکن ایسا ہونا ضروری نہیں۔ وہ بالکل شعور نہ رکھتے ہوئے بھی انتہائی ذہین ہو سکتے ہیں۔

ہماری موجودہ علمی سطح کے مطابق ہم ان میں سے کسی بھی اختیار کو مسترد نہیں کر سکتے ہیں۔ کیونکہ ہم واضح طور پر شعور کے بارے میں بہت کم جانتے ہیں، اس لیے ایسا امکان نہیں لگتا

ہے کہ ہم کسی بھی وقت جلد ہی ذی شعور کمپیوٹر پروگرام بنا سکتے ہیں۔ لہذا مصنوعی ذہانت کی بے پناہ طاقت کے باوجود، مستقبل کے لئے اس کا استعمال کسی حد تک انسانی شعور پر انحصار کرتا رہے گا۔

خطرہ یہ ہے کہ اگر ہم مصنوعی ذہانت کی نشوونما میں بہت زیادہ اور انسانی شعور کی نشوونما میں بہت کم سرمایہ کاری کرتے ہیں تو کمپیوٹر کی انتہائی نفیس مصنوعی ذہانت محض انسانوں کی فطری حماقتوں کو تقویت دینے کے کام آسکتی ہے۔ آنے والی دہائیوں میں ہمیں روبوٹ کی بغاوت کا سامنا کرنے کا امکان نہیں ہے، لیکن ہمیں شاید ان بوٹس کے گروہ سے نپٹنا پڑے گا جو ہماری ماں سے بہتر ہمارے جذباتی بٹنوں کو دبانا جانتے ہیں، اور اپنی انہیں صلاحیتوں کی بنیاد پر ایک کار، ایک سیاستدان یا پھر ایک مکمل نظریہ ہمیں فروخت کرنے کی کوشش کرتے ہیں۔

بوٹس ہمارے گہرے خوف، نفرتوں اور خواہشات کی نشاندہی کر سکتے ہیں اور ہماری ان اندرونی کیفیات کو ہمارے ہی خلاف استعمال کر سکتے ہیں۔ اس امر سے متعلق حالیہ انتخابات اور دنیا بھر کے ریفرنڈم میں ہمیں پہلے ہی پیش گوئی کی جا چکی ہے، ہیکرز نے انفرادی رائے دہندگان سے متعلق اعداد و شمار کا تجزیہ کیا اور ان کے موجودہ تعصّبات کو ابھارتے ہوئے ان سے استفادہ کرنا سیکھا ہے۔ اگرچہ سائنس فکشن تھرلرز آگ اور دھویں کی طرف راغب ہوئے ہیں، لیکن حقیقت میں ہم ایک کلک کے ذریعے ایک معمولی سی توڑ پھوڑ کا سامنے کریں گے۔

اس طرح کے نتائج سے بچنے کے لئے ہم ہر ڈالر اور ہر منٹ کی سرمایہ کاری مصنوعی ذہانت کو بہتر بنانے کے لیے کرتے ہیں، جبکہ یہی سرمایہ کاری انسانی شعور کو آگے بڑھانے کے لیے کرنا عقلمندی ہوگی۔ بدقسمتی سے، فی الحال ہم انسانی شعور کی تحقیق اور نشوونما کے لئے کچھ زیادہ نہیں کر رہے ہیں۔ ہم انسانی صلاحیتوں پر تحقیق اور نشوونما زیادہ تر معاشی اور سیاسی نظام کی فوری ضروریات کے مطابق کر رہے ہیں، جبکہ یہ ساری محنت بطور ایک شعوری انسان کے طویل مدتی ضرورت کے مطابق ہونی چاہیے۔

میرا باس چاہتا ہے کہ میں جلد سے جلد ای میلز کا جواب دوں، لیکن اسے میرے اس کھانے چکھنے اور اس کی تعریف کرنے کی صلاحیت میں بالکل دلچسپی نہیں ہے۔ نتیجتاً میں کھانے کے وقت بھی اپنے ای میلز کی جانچ پڑتال کرتا ہوں، جبکہ اپنی حساسیتوں پر توجہ دینے کی اہلیت سے محروم ہو جاتا ہوں۔ معاشی نظام مجھ پر اپنے سرمایہ کاری کے پورٹ فولیو کو وسعت دینے اور متنوع بنانے کے لئے دباؤ ڈالتا ہے، لیکن اس سے مجھے اپنی شفقت کو وسعت دینے اور متنوع

بنانے کے لئے بالکل بھی کوئی مراعات نہیں ملتی ہیں۔ لہذا میں اسٹاک ایکسچینج کے اسرار کو سمجھنے کی کوشش کرتا ہوں، جبکہ مصائب کی گہری وجوہات کو سمجھنے کے لئے بہت کم کوشش کرتا ہوں۔

اس میں انسان دوسرے پالتو جانوروں کی طرح ہے۔ ہم نے فرمانبردار گائے کو پالا ہے جو بہت زیادہ مقدار میں دودھ تیار کرتی ہے، لیکن بصورت دیگر وہ اس کے جنگلی اجداد سے کہیں کمتر ہیں۔ وہ کم فرتیلی، کم متجسس اور کم وسائل والی ہے۔ اب ہم بہت زیادہ ڈیٹا تیار کرنے والے انسانوں کو تشکیل دے رہے ہیں۔ جو ڈیٹا پروسیسنگ کے ایک بہت بڑے نظام میں ایک موثر چپ کے طور پر کام کرتے ہیں۔ ڈیٹا پروسیسنگ کے لیے تیار کی گئی گائے انسانی صلاحیت کو نہیں بڑھاتی ہے۔ یقیناً ہمیں پوری انسانی صلاحیت کے بارے میں علم نہیں ہے کیونکہ ہم انسانی دماغ کے بارے میں بہت کم جانتے ہیں۔ اس کے باوجود ہم انسانی ذہن کی کھوج میں مشکل سے ہی سرمایہ کاری کرتے ہیں، اور اس کے بجائے اپنے انٹرنیٹ کنیکشن کی رفتار اور اپنے بگ ڈیٹا الگورتھم کی کارکردگی کو بڑھانے پر توجہ دیتے ہیں۔

صرف ڈیجیٹل آمریت ہی ہمارے لئے خطرہ نہیں ہے۔ آزادی کے ساتھ، لبرل آرڈر نے مساوات کی قدروقیمت کا بہت بڑا پیمانہ قائم کیا ہے۔ لبرل ازم نے ہمیشہ سیاسی مساوات کو فروغ دیا اور پھر آہستہ آہستہ اسے احساس ہوا کہ معاشی مساوات بھی اتنی ہی اہم ہے جتنی کہ سیاسی مساوات اہم ہیں۔ چونکہ معاشرتی حفاظت اور معاشی مساوات کے بغیر آزادای بے معنی ہے۔ لیکن جس طرح بگ ڈیٹا الگورتھم آزادی کو سلب کرسکتا ہے، اسی طرح وہ بیک وقت سب سے زیادہ غیر مساوی معاشرے تشکیل دے سکتا ہے۔ عین ممکن ہے کہ تمام دولت اور طاقت محدود سی اشرافیہ کے ہاتھوں میں مرکوز ہوجائے، جبکہ زیادہ تر لوگ استحصال کا شکار نہیں ہوں گے بلکہ اس سے کہیں زیادہ بدتر یعنی غیر متعلق بھی ہوں گے۔

[بشکریہ 'ہم سب'، 27 جولائی 2020]

جام جمشید اور ’اے آئی‘

شمس الرحمٰن فاروقی

[یہ مضمون دراصل باقر نقوی کی کتاب ’مصنوعی ذہانت: ایک نیا فکری تناظر‘ (مطبوعہ فروری 2006، اکادمی بازیافت، کراچی، پاکستان) کا دیباچہ ہے۔]

ہمارے دوست باقر نقوی بڑی خوبیوں کے آدمی ہیں، لیکن یہ بات تو ہم اپنے اکثر دوستوں کے بارے میں کہہ سکتے ہیں۔ باقر نقوی کو جو چیز دوسروں میں ممتاز کرتی ہے وہ یہ ہے کہ باقر صاحب متضاد خوبیوں والے آدمی ہیں۔ وہ عمدہ شاعر ہیں، انھیں مصوری اور خطاطی سے شغف ہے، وہ کسی بہت بڑی کمپنی میں کوئی بڑا اختصاصی قسم کا کام کرتے ہیں اور سائنسی موضوعات پر اردو میں لکھتے ہیں۔ اس وقت شہزاد احمد کا نام یاد آنا لازمی ہے، کہ وہ بھی بہت عمدہ صاحب طرز شاعر ہیں اور سائنسی موضوعات پر بھی لکھتے ہیں۔ لیکن باقر نقوی کے سائنسی موضوعات ذرا متنوع ہیں۔ انھیں سائنس کی تاریخ سے بھی دلچسپی ہے، ان کی ایک کتاب حیاتیات خلیہ، یعنی Cell Biology پر ہے، اور ایک کتاب برقیات (Electronics) پر حال ہی میں شائع ہوئی اور اب یہ کتاب جو آپ کے ہاتھ میں ہے، ایسے موضوع پر ہے جس پر اردو تو کیا، انگریزی میں بھی بہت کم لکھا گیا ہے۔

مصنوعی ذہانت یعنی Artificial Intelligence کو عموماً اب صرف AI

(اے آئی) کہا جاتا ہے۔ 'اے آئی' اب یہ انگریزی کے مستقل لفظ کی شکل اختیار کر گیا ہے۔ میرے خیال میں مناسب ہوگا کہ ہم اردو والے بھی اسے اختیار کر لیں، کیوں کہ 'مصنوعی ذہانت' میں ایک تکلف، تصنع، یا نقلی پن کا شائبہ ہے اور 'اے آئی' والوں کا دعویٰ نہیں تو امید ضرور ہے کہ جب وہ اپنی منزل مقصود کو پالیں گے تو ایک ایسی چیز وجود میں آئے گی جو 'حقیقی' انسانی ذہانت سے ہرگز مختلف نہ ہوگی۔ یہ اور بات ہے کہ عام خیال یہی ہے کہ انسانی ذہانت سے مشابہ کوئی شے بنانا غیر ممکن ہے، چہ جائیکہ ایسی شے جو بالکل ہو بہو انسانی ذہانت جیسی ہو۔

باقر نقوی نے اپنی کتاب کے شروع میں اس مسئلے کو اٹھایا ہے کہ 'ذہانت' کسے کہتے ہیں؟ وہ ذہانت کو 'اختیاری یا جبلی' اور 'غیر اختیاری' کی شقوں میں تقسیم کرتے ہیں۔ 'اختیاری/جبلی' ذہانت کی جو تعریف انھوں نے کی ہے، اسے بڑی حد تک 'جبلت حیوانی' (Animal Instinct) بھی کہا جا سکتا ہے۔ ان کا کہنا ہے کہ 'غیر اختیاری' صرف انسان کو عطا ہوئی ہے اور ان کے بقول یہ وہ عمل ہے ''جو دماغ کے خلیوں میں جمع معلومات کے ذخیرے (data) کو ہنرمندی سے برتتا (manipulate) یا استعمال کرتا ہے...'' یہ تعریف بڑی حد تک درست ہے لیکن اسے ذہانت کی پوری تعریف (اگر ایسی کوئی تعریف ممکن بھی ہو) نہیں کہا جا سکتا، جیسا کہ میں ابھی واضح کروں گا۔

پہلے زمانے میں 'ذہانت' کا لفظ ہمارے یہاں مستعمل نہ تھا، کیوں کہ ہماری اصطلاح 'عقل' ان تمام باتوں کو محیط تھی جنھیں ہم 'ذہانت' کے تحت سمجھتے ہیں، بلکہ یہ کہا جائے تو غلط نہ ہوگا کہ مغرب میں بھی جہاں 'عقل' کا وہ تصور نہیں تھا جو ہمارا ہے۔ 'مصنوعی ذہانت' یا اے آئی کا تصور ابھی چند ہی دہائیوں پہلے ممکن ہو سکا ہے۔ ذہن یا ادراک اور تفکر اور استنباط کی قوت کو دیکارت (Descartes) نے جسم سے الگ کرنے کی جو کوشش کی تھی، اس کے نتیجے میں 'عقل' یا 'دماغ' یا body-mind کا وجود بڑی حد تک مشتبہ ہو گیا تھا۔ گزشتہ ایک صدی میں حیاتیات (Biology) اور طبیعیاتی حیاتیات (Biophysics) اور کیمیائی حیاتیات (Biochemistry) میں جو نئی راہیں کھلی ہیں، ان کی بدولت انسانی عقل، ذہن اور دماغ کے بارے میں بہت سے سوال اٹھے ہیں۔ ان میں سے کچھ سوالات جن پر ہمارے مصنف نے گہری نظر ڈالی ہے، حسب ذیل ہیں:

کیا مصنوعی ذہانت یا عقل موضوعی یا اے آئی ممکن ہے؟

کیا یہ اپنی مکمل شکل میں انسانی ذہانت کے برابر یا اس سے بڑھ کر ہو سکتی ہے؟

اگر یہ ذہانت ممکن ہے تو کیا یہ مشینی شکل میں ہوگی یا حیاتیاتی یا نامیاتی (organic) شکل میں؟

واضح رہے کہ یہ سوالات اور اس طرح کے اور سوالات کا تعلق ہماری زندگی بلکہ اس کرۂ ارض پر ہماری آئندہ موجودگی سے بہت گہرا ہے۔ اگر 'اے آئی' ممکن ہے اور اس طرح بھی ممکن ہے کہ وہ انسانی ذہن کے امکانات سے بھی بڑھ جائے، تو پھر ایسی قوت جن افراد یا اقوام کے پاس ہوگی، وہ انسانیت اور بنی نوع انسان کے لیے بہت بڑا خطرہ پیدا کر سکتے ہیں۔ خیال رہے کہ کلونیانا (cloning) اور کلون کیے ہوئے ذی روح کو ہماری طرح کے گوشت، پوست، ہڈیوں اور عضلات کی ضرورت نہ ہو۔ باقر نقوی نے لکھا ہے کہ کلون کیے ہوئے انسانی دماغ میں وہ صفات نہ ہوں گی، جو اصل دماغ میں تھیں۔ یعنی ان کے خیال میں اگر ہم نے شیکسپیئر کے دماغ کو کلون کر لیا تو کوئی ضروری نہیں کہ وہ دماغ شیکسپیئر کے ڈرامے دوبارہ لکھ دے یا شیکسپیئر جیسے ڈرامے مزید لکھ دے۔ لیکن یہ قیاس ہی ہے، کیوں کہ اب تک کسی دماغ کو کلون نہیں کیا گیا ہے اور نہ کوئی مصنوعی دماغ 'اے آئی' کے اصولوں پر بنایا گیا ہے۔ لیکن آپ یہ خیال فرمائیں اکہ اگر کسی شخص میں ہٹلر، اسٹالن، نیوٹن، شیکسپیئر اور رومی کے دماغ یکجا ہوں تو وہ اس بیچاری دنیا پر کیا کیا قہر ڈھا سکے گا۔

جیسا کہ میں نے ابھی کہا، 'اے آئی' کی بحثیں ابھی صرف پچاس ساٹھ برس پرانی ہیں۔ تعجب کی بات یہ ہے کہ داستانوں اور اساطیر میں، جہاں ہر طرح کے ذی روح اور غیر ذی روح کثرت سے موجود ہیں، جہاں جانور کلام کرتے ہیں اور انسان روپ بدل کر کچھ کا کچھ بن سکتا ہے، جہاں نئی سے نئی حیرت انگیز باتیں ہیں جو اس زمانے کے سائنس فکشن کو شرمندہ کر سکتی ہیں، وہاں یہ سب کچھ ہے لیکن 'اے آئی' کا ذکر نہیں۔ ذکر کیا، شائبہ تک نہیں۔ اس کی وجہ تخیل کی ناکامی نہیں ہو سکتی۔ ایک داستان امیر حمزہ میں آپ کو ٹیلی وژن، وائرلیس، ہوائی جہاز، خلائی جہاز، آبدوز کشتی، طبی (یا سائنسی) طریقوں کے ذریعے بنائے ہوئے دیو قامت جانور (مثلاً ریچھ جو ہاتھی کے برابر ہے)، ایسے جانور جن کی فطرت بدل دی گئی ہے (مثلاً گوشت خور گھوڑے) اور ایسے مکان مل جائیں گے جن کی ہر منزل ایک ملک کے برابر ہے۔ جن لوگوں کا تخیل اس قدر تونگر اور قوی ہو ان کے لیے 'اے آئی' کا تصور کچھ مشکل نہ رہا ہوگا۔ لہٰذا اگر داستان یا اسطور میں 'اے آئی'

مذکور نہیں ہے تو اس کی وجہ یہی ہو سکتی ہے کہ قبل جدید انسان کا ذہن اس بات کو قبول کرنے کو تیار ہی نہ تھا کہ 'ذہانت' یا 'عقل' خدا کی طرف سے ودیعت ہونے کے علاوہ انسان کی صناعتوں میں سے ایک صلاحیت بھی ہو سکتی ہے، اور یہ بات قابل لحاظ ہے کہ ہمارے افکار کی رُو سے خدا کے بغیر 'عقل' کا تصور ممکن نہیں۔ ہمارے یہاں 'عقل بالقوۃ' اس عقل کو کہتے ہیں جسے معقولات کا علم حاصل نہ ہو لیکن اس میں اس کے حصول کی صلاحیت ہو۔ 'عقل' کی یہ نوع (category) باقر نقوی کی 'اختیاری/غیر اختیاری' ذہانتوں کی نوع سے الگ ہے۔ اس کے بعد ہمارے یہاں دوسری نوع 'عقل بالملکۃ' ہے جو تمام بدیہی معقولات اور اولیات کا علم حاصل کرنے کی صلاحیت رکھتی ہے۔ اور 'عقل بسیط' وہ ہے جو تمام معلومات کو متحد کر سکے۔ لیکن یہ سب عقلیں اپنی جگہ پر بے کار ہیں جب ہمارے پاس 'عقل مستفاد' نہ ہو۔ یہ وہ حقیقی عقل ہے جو عالم بالا سے ملتی ہے اور صوفیوں کی اصطلاح میں یہ نفس کا وہ درجہ ہے جہاں نظری معقولات کا مشاہدہ ہمہ وقت ہو سکتا ہو۔ ظاہر ہے کہ 'اے آئی' کے نظریات میں 'عالم بالا سے مستفاد عقل' اور 'نظری معقولات کے ہمہ وقت مکاشفانہ مشاہدے' کا تصور محال ہے اور اس طرح ہمارے یہاں خدا کے بغیر، جسے عقل اولین پر بھی فوقیت حاصل ہے، 'عقل یا ذہانت' کا تصور ناممکن ہے۔

یہ بات دلچسپ ہے کہ کمپیوٹر کا دھندلا سا تصور پرانے لوگوں کو ضرور رہا ہو گا۔ آج ہم جانتے ہیں کہ ایسے کمپیوٹر ممکن ہیں جو بیک وقت دو، چار، آٹھ، سولہ نہیں بلکہ چونسٹھ اور اس سے بھی زیادہ عملیے (operations) انجام دے سکتے ہوں۔ اور اتنا ہی نہیں، ایسے کمپیوٹر بہت جلد وجود میں آ جائیں گے جن کا سارا نظام چائے کی پیالی میں بھرے ہوئے کسی محلول (solution) سے زیادہ نہ ہوگا۔ یعنی وہ محلول دراصل اطلاعی اکائیاں ہوں گی جو ہمیں محلول کی شکل میں نظر آئیں گی۔ آپ کے پاس ایک جیبی کلیدی تختہ (keyboard) ہوگا جسے اس نامیاتی کمپیوٹر سے بذریعہ وائر لیس منسلک کر دیا گیا ہوگا۔ پھر آپ اس تختے کی مدد سے اس کمپیوٹر سے وہ سب اطلاعات حاصل کر سکیں گے اور وہ سب کام لے سکیں گے جو کسی بڑے سے بڑے کمپیوٹر کے لیے ممکن ہوگا۔ اب غور کیجیے کہ جام جمشید اور کیا تھا، اگر وہ کچھ اسی قسم کا کمپیوٹر نہ تھا؟ لیکن اہم بات یہ ہے کہ جام جمشید، یا داستان امیر حمزہ کے ساحروں کے پاس اس طرح کی جو دوسری اشیا تھیں، انھیں 'ذہانت' یا 'عقل' کا حامل کبھی نہیں قرار دیا گیا۔ لیکن ہمارے زمانے کے کمپیوٹر کی زبان میں اب ایک نئے لفظ 'wet ware' کا اضافہ ہو گیا ہے جو دماغ کے مختلف حصوں اور ان کے باریک ترین تاروں

مصنوعی ذہانت اور ہم

سائنپوں (synaps) کے لیے استعمال ہوتا ہے۔ یعنی کمپیوٹر کا پروگرام یا وہ شے جس پر وہ پروگرام درج کیا گیا ہو، سوفٹ ویئر (soft ware) ہے، اور جو شے کہ اس سوفٹ ویئر کو بروئے کار لاتی ہے، وہ ہارڈ ویئر (hard ware) ہے۔ حضرت انسان کا دماغ بھی ایک طرح کا کمپیوٹر ہے جس میں ہارڈ اور سوفٹ دونوں کو کیمیائی اور برقیاتی محلول کے ذریعے بروئے کار لایا گیا ہے۔ لہٰذا، ہم اسے 'wet ware' کہتے ہیں۔

اس کا مطلب یہ ہے کہ کمپیوٹر والوں نے یہ طے کرلیا ہے کہ 'اے آئی' ممکن ہے۔ اور شاید یہ بھی طے کرلیا ہے (1) انسانی دماغ ایک طرح کا کمپیوٹر ہے، یا (2) انسانی دماغ ایک طرح کا کمپیوٹر نہ ہو، لیکن ہم جو 'اے آئی' بنائیں گے وہ کمپیوٹر کے نمونے پر ہوگی۔ اوپر میں چائے کی پیالی میں رکھے ہوئے 'محلولی' کمپیوٹر کا ذکر کر چکا ہوں۔ لیکن کمپیوٹر والوں کے نکالے ہوئے دو نتائج جو میں نے اوپر پیش کیے، ان میں ایک گہرا تضاد ہے۔ یہ تضاد کمپیوٹر والوں کو کبھی نظر آتا ہے اور کبھی نظر نہیں آتا۔ اس کی ایک مثال باقر نقوی نے زیر نظر کتاب میں 'ٹیورنگ امتحان' (Turing Test) کے حوالے سے پیش کی ہے۔ ایلن ٹیورنگ (Alan Turing) کو کمپیوٹر نظریے اور عملی تجربات کا موجد کہا جا سکتا ہے۔ جب اس کی بنائی ہوئی حاسب مشین (Calculating Machine) ترقی کر کے کمپیوٹر کی شکل اختیار کرنے لگی تو یہ سوال بہت شد و مد سے اٹھایا گیا کہ اب انسان اور کمپیوٹر میں کیا فرق رہ گیا یا رہ جائے گا؟ اس سوال کو حل کرنے کے لیے ٹیورنگ نے اپنا 'امتحان' ایجاد کیا، جس کی بنیاد اس بات پر تھی کہ کوئی شخص کچھ سوالات مرتب کرے۔ پھر ایک انسان اور ایک کمپیوٹر کو الگ الگ پردے میں بٹھا کر یہ سوالات ان کے سامنے رکھے جائیں۔ جج کو یہ فیصلہ کرنا ہوگا کہ جواب دینے والا وجود انسانی ہے یا مشینی؟ اگر کمپیوٹر کے جوابات کو دیکھ کر جج یہ فیصلہ کرے کہ یہ جوابات انسان نے دیے ہیں، تو ثابت ہو جائے گا کہ انسان اور کمپیوٹر مشین میں باعتبار 'ذہانت' کوئی فرق نہیں۔ جیسا کہ باقر نقوی نے لکھا ہے، ایک بار تو معاملہ بالکل الٹا ہو گیا، کیوں کہ ایک خاتون نے ایسے تیز اور مفصل جواب دیے کہ جج کو دھوکا ہو گیا کہ یہ جواب مشین نے دیے ہیں، انسان نے نہیں۔

دراصل ٹیورنگ امتحان اسی وقت کامیاب ہو سکتا ہے جب امتحان دہندگان میں کوئی انسان نہ ہو، صرف کمپیوٹر ہوں اور وہ کمپیوٹر (سب یا کوئی ایک دو) جج کو باور کرا دیں کہ وہ کمپیوٹر نہیں انسان ہیں۔ ظاہر ہے کہ آج تک ممکن نہیں ہو سکا ہے۔ انسانی دماغ میں کچھ کمپیوٹری صفات ہیں،

لیکن کچھ ایسی ہیں جو 'انسانی' ہی کہی جا سکتی ہیں۔ ان میں ایک بہت ہی معمولی صفت یہ ہے کہ کسی غبی یا کند ذہن ترین شخص کا بھی دماغ بے حد یا کم وبیش معلومات کا مخزن ہوتا ہے اور فی الحال کوئی نظام ایسا نہیں جو انھیں کسی ایسے سلسلے میں پرو دے جس کے ذریعے ان معلومات کو مشینی طور پر اخذ کیا جا سکے۔ باقر نقوی کا کہنا ہے کہ انسانی دماغ بھی کمپیوٹر ہی کی طرح ایک/صفر کے انتخاب اور جمع تفریق کے اصول پر عمل کرتا ہے۔ یہ معاملہ ابھی مشکوک ہے، لیکن اگر درست بھی ہو تو مندرجہ ذیل پر غور کیجیے:

زید ایک کند ذہن نوجوان ہے، اس کی عمر اٹھارہ سال کی ہے۔ آج جب وہ داڑھی بنانے کے لیے غسل خانے میں گیا تو اسے اپنا معمولی بلیڈ اور سیفٹی ریزر نظر نہ آیا۔ ڈھونڈنے پر اسے ایک چیز ملی جو بلیڈ لگے ہوئے سیفٹی ریزر سے مشابہ تھی، اگرچہ اس میں الگ سے بلیڈ ڈالنے نکالنے کی کوئی جگہ نظر نہ آتی تھی۔ اس نے بہت غور کیا اور فیصلہ کیا کہ یہ چیز بھی داڑھی بنانے کے کام آ سکتی ہے۔ اپنی داڑھی اس چیز سے بنا کر اس نے پھٹکری کی وہ ٹکیہ تلاش کی جسے وہ داڑھی بنانے کے بعد منھ پر پھیرتا تھا۔ بہت تلاش کے باوجود وہ ناکام رہا۔ مایوس ہو کر وہ سوچ ہی رہا تھا کہ آج چہرے کی خراشوں کو ٹھیک کرنے کا کچھ انتظام نہ ہو سکے گا کہ اس کی نظر ایک شیشی پر پڑی جس میں کوئی خوشبودار سی رقیق چیز بھری ہوئی تھی۔ اس نے شیشی کھول کر سونگھی، اسے لگا کہ اس کی مہک میں کچھ ویسی تیزی ہے جیسی پھٹکری میں ہوتی ہے۔ اس نے شیشی سے چند بوندیں نکال کر منھ پر ملیں، اسے چھر چھراہٹ محسوس ہوئی اور اچھی مہک بھی آئی۔ اس نے سمجھ لیا کہ اس شیشی میں جو چیز ہے وہ پھٹکری کی ٹکیہ جیسا کام کرتی ہے۔

مندرجہ بالا بیان میں کئی طرح کے معاملات درج ہیں۔ ان کا تعلق تجربے، حافظے، استنباط نتائج اور کئی طرح کے محسوسات سے ہے (چہرے کی خراشیں، خوشبو، پھٹکری کی تیزی، شیشی میں بھرے ہوئے محلول کی پیدا کردہ چھر چھراہٹ، بلیڈ کی چمک وغیرہ)۔ میرا دعویٰ ہے کہ ایسا کمپیوٹر بنانا فی الحال غیر ممکن ہے جو غبی نوجوان زید کی تمام معلومات کو محیط ہو اور داڑھی بنانے اور آفٹر شیو لگانے کے ان تمام مسائل کو زید کی طرح حل کر سکے۔

'اے آئی' کے نظریہ سازوں نے متعین کیا ہے کہ 'اے آئی' کے کسی کامیاب ماڈل کو حسب ذیل میدانوں میں مہارت (بالقوۃ یا بالفعل) ہونی چاہیے:

(1) حل مسائل (problem solving): مثلاً وہ مشہور کہانی جس میں پیاسا کوا

گھڑے کی نیچی سطح پانی اوپر لانے کے لیے گھڑے میں کنکریاں ڈالتا ہے۔

(2) نظریۂ بازی (game theory): مثلاً کسی کھیل میں بہترین نتیجہ حاصل کرنے کے لیے اس کے قوانین کے بہترین استعمال کی راہیں دریافت کی جائیں۔

(3) شناخت اشکال (pattern recognition): مثلاً دو بظاہر مشابہ لیکن دراصل مختلف اشیا کو الگ الگ پہچاننا۔

(4) فطری زبان (natural language): یہ بظاہر سب سے سادہ لیکن دراصل شاید سب سے مشکل کام ہے، کیوں کہ کوئی زبان فطری نہیں ہوتی، اور اس اصطلاح سے مراد ہے: زبان کو ہم جس طرح 'فطری' طریقے سے استعمال کرتے ہیں لیکن زبان کے 'فطری' طریق استعمال میں استعارے بیش از بیش بروئے کار آتے ہیں۔ اور استعارہ سازی کے کوئی قائدے نہیں ہیں۔ لہٰذا ہر استعارے کا مطلب انفرادی طور پر سمجھنا پڑتا ہے، اس میں مجرد 'ذہانت' سے زیادہ ضرورت اس بات کی ہوتی ہے کہ ہمیں زبان کے ساتھ 'فطری' مناسبت اور زبان کے کثیر نمونوں سے واقفیت ہو۔ کہتے ہیں کہ ایک بار ایک فرانسیسی شخص جسے انگریزی سے اچھی واقفیت تھی، انگلستان کی سیر کو گیا۔ ریل گاڑی کے سفر کے دوران وہ منظر سے لطف اندوز ہونے کی خاطر کھڑکی سے باہر جھانک رہا تھا کہ اس کے انگریز ہم سفر نے زور سے پکارا: !look out فرانسیسی سمجھا کہ کوئی اچھا منظر آنے والا ہوگا، اسی لیے مجھ سے کہہ رہے ہیں کہ باہر دیکھو، لہٰذا وہ گردن اور بھی باہر نکال کر جھانکنے لگا۔ انگریز نے پھر کہا، اوہ !look out۔ فرانسیسی بیچارے نے گردن اور آگے کی تھی کہ دفعتاً اس کی کھوپڑی پر زناٹے کی چوٹ لگی، کیوں کہ راستہ دونوں طرف درختوں سے گھرا ہوا تھا اور بعض شاخیں ریل کے ڈبوں کے بہت نزدیک آ گئی تھیں۔ فرانسیسی نے بھنّا کر انگریز سے کہا، جب باہر چوٹ لگنے کا خطرہ تھا تو آپ مجھے look out یعنی باہر جھانکنے کو کیوں کہہ رہے تھے؟ انگریز نے کہا، میں تو وہی کہہ رہا تھا کہ look out یعنی دھیان رکھیے۔ فرانسیسی بیچارہ اپنا سا منھ لے کر رہ گیا۔

بعض ماہرین کہتے ہیں کہ 'اے آئی' کے لیے یہ سب اتنا ضروری نہیں جتنا ضروری Cybemetics یعنی انضباطیات کا گہرا شعور ہے۔ انضباطیات کا پہلا اصول یہ ہے کہ انسانی، بلکہ کسی بھی نامیاتی جسم (bio-organism) کو مشین کے ماڈل پر تصور کیا جائے۔ اس کی ایک مشہور مثال یہ قول ہے کہ ''درخت دراصل ایک پاور ہاؤس ہے۔'' اس طرح، انسان کو بھی

مختلف ٹربائن انجنوں (turbine engines) کا مجموعہ قرار دے سکتے ہیں۔ دوسرا اصول یہ ہے کہ ہر مشین کو نامیاتی جسم کے ماڈل پر تصور کیا جائے۔ ان دونوں کو ملانے سے یہ نتیجہ نکلتا ہے کہ نامیاتی جسم اور مشینیاتی جسم میں آپسی تال میل اور تعامل ممکن ہو سکتا ہے۔ انسانی دماغ ایک Bio-organism بھی ہے اور برقیاتی مشین بھی، لہٰذا اس وقت یہ تو ممکن ہو ہی گیا ہے کہ بہت سی خفی ترین مشینیں (nano-machines) بنالی گئی ہیں جو باہم یکجا ہو کر عقل مندوں کی طرح اپنے منصوبوں کو عملیے (operation) کی شکل میں انجام دیتی ہیں۔

باقر نقوی کی کتاب میں خفی ترین ٹیکنالوجی (Nano-technology) اور 'اے آئی' کے لیے اس کے امکانات کا ذکر ہے، مثلاً یہ کہ اب کئی یونیورسٹیوں اور کمپنیوں کے تحقیقاتی ادارے ایسے سالمے (molecules) بنانے پر قادر ہو گئے ہیں جن کے اندر بہت سے الکٹران یعنی برقیرے ذخیرہ کیے جا سکتے ہیں اور وہ اپنے برقی بار کو مثبت سے منفی یا منفی سے مثبت میں تبدل کر سکتے ہیں۔ بے حد چھوٹے، بلکہ خفی ترین سے بھی چھوٹے یہ سالمے 'اے آئی' کی تخلیق میں کس قدر اہم کردار ادا کریں گے، اس کا اندازہ اس بات سے لگایا جا سکتا ہے کہ انسانی دماغ کے اندر کروڑوں سالمے اور سائینپ ہیں جن کے عملیے کا سارا دارومدار مثبت اور منفی برقی لہروں پر ہے اور وہ برق کیمیائی (electro-chemical) اصولوں پر کام کرتے ہیں۔

باقر نقوی نے Fuzzy Logic پر بھی عمدہ کلام کیا ہے۔ اسے وہ 'مبہم منطق' کہتے ہیں، لیکن میرے خیال میں 'دھندلی منطق' کہنا شاید زیادہ درست ہو۔ منطق کی صفت یہی بیان کی گئی ہے کہ وہ کسی قضیے کے تمام پہلوؤں کو آئینہ کر دیتی ہے اور غیر یقینی یا غیر قطعی کلام کو چھانٹ دیتی ہے۔ اس کے برخلاف Fuzzy Logic کا اصول یہ ہے کہ کوئی چیز 'قطعی' نہیں بلکہ ہر چیز 'قریب قریب قطعی' ہوتی ہے۔ ہم جانتے ہیں کہ کسی شے کی قطعی، بالکل سو فی صدی درست، پیمائش ممکن نہیں۔ جیسا کہ کارل پاپر (Karl Popper) نے کہا ہے، ہم کسی شے کے بارے میں دعوے سے نہیں کہہ سکتے کہ یہ (مثلاً) بارہ انچ لمبی ہے۔ ہمارے پیمانے بھی اتنے درست نہیں ہو سکے ہیں کہ وہ ٹھیک بارہ انچ ناپ سکیں۔ اور اگر ہم ٹھیک بارہ انچ کی پیمائش حاصل کر بھی لیں تو یہ جان نہ سکیں گے کہ ہم وہاں پہنچ گئے ہیں، کیوں کہ ہمارے آلات پیمائش یا تو بارہ انچ سے کچھ خفی ترین کم ہوں گے یا کچھ خفی ترین زیادہ ہی ناپ سکتے ہیں۔ ایسی صورت حال میں Fuzzy Logic ہمارے لیے کس قدر کارآمد ہے، اس کی آسان مثال دھلائی مشین ہے جسے عمومی طور پر

بتادیا جاتا ہے کہ ’گرم پانی‘ اور ’بہت گرم پانی‘، ’صاف کپڑا‘ اور ’گندہ کپڑا‘ کن وجودوں (entities) کو کہتے ہیں۔ یعنی کسی طرح کے کپڑے کے لیے وہی پانی ’گرم‘ اور کسی اور طرح کے کپڑے کے لیے وہی پانی ’بہت گرم‘ ہوسکتا ہے۔ اسی طرح ’گندہ کپڑا‘ اور ’صاف کپڑا‘ مختلف حالات میں مشین کے لیے الگ الگ معنی رکھ سکتے ہیں۔ اس نکتے کی اہمیت ’اے آئی‘ کے باب میں ظاہر ہے کہ ہم بھی ’گرم‘، ’بہت گرم‘، ’خوشبودار‘، ’بدبودار‘ وغیرہ کے درمیان جبلی طور پر، یا عقل حیوانی کی مدد سے فرق کرتے ہیں جو منطق سے بے بہرہ ہے۔ وٹگنسٹائن (Wittgenstein) کا قول تھا کہ انسانی زبان کی محدودیت اس سے ظاہر ہے کہ انسان ’قہوے کا ذائقہ‘ بیان نہیں کرسکتا۔ لیکن دراصل یہ بات ہر طرح کے حسی تجربے یا جذباتی تجربے کے لیے کہی جاسکتی ہے۔ جب ٹینی سن نے آنسوؤں کے لیے کہا تھا کہ وہ بوسوں کی طرح sweet ہیں:

...sweet as those by hapless fancy feigned
On lips that are for others...

وہ sweet کا ذائقہ بیان کر بھی رہا تھا اور نہیں بھی کر رہا تھا اور جب فرانسیسی سیاست داں تالیراں (Charles Maurice de Talleyrand) نے کافی کا ذائقہ حسب ذیل الفاظ میں بیان کیا تھا؛

Black as the devil,
Hot as hell,
Pure as an angel,
Sweet as love.

تو وہ قہوے کے ذائقے سے زیادہ اپنا ذوق بیان کر رہا تھا جس میں (اس کے خیال میں) قہوے کے متضاد خواص کا بھی بیان تھا۔ یہ سب Fuzzy Logic کی مثالیں ہیں اور انسانی دماغ اس طرح کی دھندلی منطق کو بہت پسند کرتا ہے۔ لیکن افسوس کہ دھلائی مشین کے لیے ’گرم/ بہت گرم‘، ’گندہ/ صاف‘ کے درمیان فرق کرنا آسان ہے، مگر کسی انتہائی ترقی یافتہ مشین کے لیے یہ ’سمجھنا‘ غیر ممکن ہے کہ کوئی شے بیک وقت ’ابلیس کی طرح سیاہ‘ اور ’عشق کی طرح شیریں‘ بھی ہوسکتی ہے اور نمکین آنسوان بوسوں کی طرح شیریں ہوسکتے ہیں جو ہم نے اپنے تخیل میں ان ہونٹوں پر ثبت کیے ہیں جو ہمارے لیے نہیں ہیں۔

مصنوعی ذہانت: ایک تمہیدی جائزہ
باقر نقوی

ابھی تک ذہانت کو ایک عطیۂ قدرت ہی سمجھا جاتا ہے جو اللہ کریم نے اشرف المخلوقات کے لیے مخصوص کر دیا ہے۔ یہ انداز نظر کچھ اتنا غلط بھی نہیں لگتا جب ہم انسان کی ایجادات اور اختراعات میں اس کی ذہانت کو اپنی تمام تر جلوہ سامانیوں کے ساتھ کارفرما دیکھتے ہیں۔

جیسا کہ ذہانت کے باب میں بیان کیا گیا ہے، ذہانت یقیناً عطیۂ قدرت ہے مگر اس کا یہ مطلب ہرگز نہیں کہ ذہانت کی مختلف سطحیں انسان کے علاوہ اور کہیں نہیں ملتیں۔ اللہ نے خود کو احسن الخالقین کہا ہے۔ اس کا صرف یہ مطلب نہیں کہ بس وہی خالق ہے۔ اس سے کمتر درجے کے بھی خلق کرنے والے خود اسی کے بنائے ہوئے ہیں۔ اس طرح مکمل ذہانت جس صورت میں ہمارے سامنے ہے اور ہمارے دائرۂ ادراک میں آتی ہے، خدا ہی کی خلق کی ہوئی ہے۔ انسان کے علاوہ بھی چھوٹی چھوٹی ذہانتوں کے جزیرے جا بجا ملتے ہیں جو انسان کے علاوہ دوسری مخلوقات کو عطا ہوئی ہیں۔ چونکہ خدائے قدوس کے علاوہ خلق کرنے والے بھی اسی کے بنائے ہوئے ہیں، اس لیے بالا دست (supreme) خالق تو وہی ہوا جس نے ذہانت کی خصوصیت کو خلق کیا، جس نے پوری کائنات کے ذرے ذرے کو سوچا، ڈیزائن کیا اور خلق کیا۔

انسان اپنی فطرت میں سب سے بڑا اور اچھا نقال واقع ہوا ہے جو پیدا ہوتے ہی نئے نئے تجربوں سے دوچار ہوتا ہے۔ دیکھے اور سنے ہوئے تجربات سے نتائج اخذ کرنے بعد ہو بہو

نقالی یا نو تخلیقی نقالی اس کی فطرت ثانیہ بن جاتی ہے۔ اور اس نقالی کے عمل سے جہاں سیکھی ہوئی چیزیں دہرائی جاتی ہیں، وہیں ذہانت اور طباعی انسانوں کو نئے نئے خیالات اور نئے نئے تصورات کی وادیوں میں لے جاتی ہے۔ یہی وہ حدیں ہیں جن کو پار کرتے ہی انسان نظروں سے پوشیدہ چیزیں دریافت کرنے لگتا ہے۔ اور نئی دریافتوں کی بلند بالا لہروں کے بہاؤ پر سوار ہو کر ایجاد کے نئے نئے جزیرے تلاش بھی کرتا ہے اور بناتا بھی ہے۔

انسان پرندوں کو آسمانوں میں پرواز کرتے ہوئے دیکھ کر خود بھی اڑنے کی کوشش کرتا ہے، آبی جانوروں کو پانی میں تیرتے دیکھ کر خود بھی تیرنے کی کوشش کرتا ہے۔ انسان اگر پرندوں کی طرح خود نہیں اڑ پاتا لیکن اپنے تجربات اور اپنی ذہانت کے استعمال سے آخر کار ایسے دیو ہیکل مشینی پرندے بنانے پر قادر ہو جاتا ہے جو اس کو ہی نہیں، اس کے سینکڑوں ہم جنسوں اور بھاری سے بھاری سامان کو ایک ساتھ لے کر ایک جگہ سے دوسری جگہ پہنچ جاتے ہیں۔ الف لیلہ کی کہانیوں میں اڑنے والے قالینوں (flying carpets) کا خواب بھی انسانوں کا پیش کیا ہوا تھا جو آج شرمندۂ تعبیر ہو کر ہوائی جہازوں کی صورت میں ہمارے سامنے ہے۔ پرندوں کو ہوا میں اڑتے دیکھ کر اور مچھلیوں اور دوسری آبی مخلوقات کو سمندروں میں اترتے اور زندہ رہتے دیکھ کر جب انسان اڑنے والی مشینیں اور پانی میں تیرنے والی کشتیاں اور آبدوزیں بنا سکتا ہے، سمندر کی اتھاہ گہرائیوں میں اتر کر قدرت کی حسین ترین صناعیوں کو دیکھنے کے قابل ہو سکتا ہے تو وہ ذہانت کے چھوٹے چھوٹے ٹکڑے بنانے پر قادر کیوں نہیں ہو سکتا۔

اصل موضوع کی جانب پیش قدمی سے پہلے ہم یہ دیکھنا چاہیں گے کہ مصنوعی ذہانت (Artificial Intelligence) سے کیا مراد ہے اور اس میدان کے ماہرین اور مقتدر سائنس دان 'مصنوعی ذہانت' کی تعریف کن الفاظ میں کرتے ہیں۔

مصنوعی ذہانت اس وقت سائنس کے سب سے بڑے موضوعات میں سے ایک ہے۔ سائنس کی یہ شاخ ابھی انکھوے کی منزل میں ہے۔ انسان کے خیال کا ایک بیج انگڑائی لے رہا ہے اور جلد ہی کونپلوں، پتیوں اور پھولوں کا ظہور ہونے والا ہے (یہ مضمون بیس سال سے زیادہ پہلے لکھا ہوا ہے جب کہ اس پیڑ میں اب برگ و بار آچکے ہیں: مدیر) اگر چہ مصنوعی ذہانت کے باب میں کافی شروعات ہو چکی ہیں اور چھوٹی موٹی ذہانتوں کا استعمال بھی ہونے لگا ہے۔

مصنوعی ذہانت ابھی تک کی معلومات اور ترقی کے پیش منظر میں کمپیوٹر سائنس، علم

افعال الاعضا (Physiology) اور فلسفے کے اتصال کو کہتے ہیں جس کی مدد سے انسان میں موجود قدرتی ذہانت کو سمجھا جا سکے اور اس کی نقالی کے قابل مشینیں بنائی جاسکیں جو انسان کے دماغ کے متبادل کے طور پر کام کرنے کے قابل ہوسکیں۔ دوسرے الفاظ میں مصنوعی ذہانت کے تمام عناصر کی مجموعی کوشش ایسی مشینیں بنانا ہے جو سوچ بھی سکیں، مشکل اور گنجلک گتھیوں کو سلجھا سکیں، اصول سازی کر سکیں اور خیالات یا اشیا کو پہچان کران پر اثر انداز ہوسکیں۔ اس سے ایک قدم آگے چلیں تو سوال یہ پیدا ہوگا کہ کیا ایسی مشینیں بنائی جاسکتی ہیں جو مشکل گتھیوں کو سلجھانے، اصول سازی کرنے اور خیالات واشیا کو پہچان کران پر اثر انداز ہونے کے قابل ہونے کے بعد ادراک اور شعور کی حامل بھی ہوسکتی ہوں۔

مصنوعی ذہانت کا لفظ پہلی بار Dartmouth برطانیہ میں ہونے والی ایک سائنسی کانفرنس میں معرض وجود میں آیا۔ اس کے بعد کے محققین کے ہاتھوں ہونے والی تحقیقات اور وضع اصول کے ساتھ اس میں توسیع ہوتی گئی۔ اگرچہ مصنوعی ذہانت کی زمانۂ جدید کی تاریخ بہت ہی مختصر ہے اور اس میدان میں پیش رفت بہت تیز نہیں رہی مگر بہر حال اس پر کام ہوتا رہا ہے اور پچھلے پچاس برسوں میں بہت سارے متنوع اقسام کے پروگرام لکھے جا چکے ہیں جس کے بہت سے مثبت اثرات دوسری تکنیکی برقیاتی مشینوں میں دیکھے جاسکتے ہیں۔

مصنوعی ذہانت پر اگرچہ زمانۂ دراز سے جستہ جستہ کام ہوتا رہا ہے مگر اس کا پہلا تصور دوسری جنگ عظیم کے اختتام کے بعد پیش کیا گیا اور اس کی بنیادی تحقیق کی پہلی اینٹ 1947 میں ایک مشہور انگریز ریاضی دان Alan Turing نے اپنے ایک مقالے میں رکھی اور غالباً وہی پہلا شخص تھا جس نے یہ دعویٰ کیا کہ مصنوعی ذہانت پر بہتر تحقیق کمپیوٹر کو پروگرام کرنے والے software کے ذریعے ہوسکے گی، پیچیدہ اور تیز مشینیں بنانے سے نہیں۔ ٹیورنگ کے عصر ساز مقالے کے بعد بہت سے محقق اس موضوع کی طرف متوجہ ہوگئے اور بیشتر نے ٹیورنگ کے نظریے کے خطوط ہی پر کام شروع کیا۔ گویا ایلن ٹیورنگ بابائے مصنوعی ذہانت ٹھہرتا ہے۔

اس سوال پر کہ کیا سائنس داں کمپیوٹر میں انسانی دماغ ڈالنے کی کوشش میں ہیں، یہ کہا جا سکتا ہے کہ یہ ہدف تو ہے مگر ابھی تک یہ استعاراتی ہدف ہے۔ ہوسکتا ہے جیسے جیسے کامیابی کی منزلیں طے ہوتی رہیں، ایک وقت وہ آسکتا ہے جب کلی نہیں تو جزوی طور پر یہ ممکن ہوسکے گا۔ کوشش تو یہی ہو رہی ہے کہ ایسے کمپیوٹر پروگرام لکھے جائیں، ایسے مائکرو چپ بنائے جائیں جن

کی مدد سے مسائل سلجھائے جاسکیں اور اسی طرح کل ہدف حاصل کیا جاسکے۔

عرصۂ دراز سے فلسفی اور دانشور اس بات پر حیرت کرتے تھے کہ بھلا انسان میں ایسی کون سی صلاحیت ہے جس کی وجہ سے وہ کچھ کر گزرتا ہے۔ بے شک قدرتی ذہانت انسان کو شعور عطا کرتی ہے اور اس کے استعمال سے وہ کچھ بھی کر گزرتا ہے جس کا کوئی سائنسی وجود نہیں ہوتا۔ اس میں کوئی شک نہیں کہ انسان اپنی ذہانت کی مشین میں اپنے تجربات کا خام مال ڈال کر ہی کچھ بنانے کے قابل ہوتا ہے ورنہ ایک نوزائیدہ انسان پیدا ہوتے ہی سب کچھ کرنے کے قابل ہوتا۔

مصنوعی ذہانت پر تحقیق اور کام کے لیے اگرچہ کمپیوٹر 1941 سے مہیا ہو چکے تھے مگر پچاس کی دہائی کے دوران ہی مشین کی ذہانت اور انسانی دماغ میں مماثلت کے شواہد نظر آنے لگے تھے۔ امریکی سائنس دان Nobert Weiner پہلا شخص تھا جس نے نظریہ باز گیری (Feedback Theory) پر غور کرنے کے دوران محسوس کیا کہ یہ مصنوعی ذہانت کا پہلا زینہ ہوسکتا ہے۔ نظریہ باز گیری کی آسان ترین مثال Thermostate مشین ہے جو حرارت کم یا زیادہ کرنے والے مشینوں میں عام طور پر استعمال ہوتی ہے۔ تھرمواسٹیٹ ذہانت کی ایک بہت بنیادی اور چھوٹی سی مثال ہے۔ اس کا کام صرف اتنا ہے کہ یہ ماحول کے درجۂ حرارت کا تعین کرتا ہے، اس کا ماحول میں مطلوبہ حرارت کے معیار سے موازنہ کرتا ہے اور پھر مشین کو حرارت کم یا زیادہ کرنے کی ضرورت کے بارے میں حکم دیتا ہے۔

وائی نر (Wiener) کے نظریۂ باز گیری کی اہمیت اس لیے بھی بہت ہے کہ اس نے یہ نظریہ پیش کیا کہ ہر ذہین طرز عمل (intelligent behaviour) اسی کی بنیاد پر ہوتا ہے اور اسی کے ذریعے ذہین مشینیں بنائی جاسکتی ہیں۔ گویا مصنوعی ذہانت کے باب میں فیڈ بیک تھیوری سب سے بڑی محرک ٹھہری۔

1955 میں کمپیوٹر کے دو سائنس دانوں Newell اور Simon کے اشتراک سے The Logic Theorist کے نام سے ایک پروگرام ترتیب دیا گیا جس کو مصنوعی ذہانت کا پہلا باقاعدہ پروگرام مانا گیا ہے۔ اس پروگرام کی خاصیت یہ تھی کہ اس میں ہر مسئلے کو ایک درخت تصور کیا جاتا اور اس کے ممکنہ حل رکھنے والی شاخ کی تلاش کی جاتی تھی۔ بلاشبہ 'دی لاجک تھیورسٹ پروگرام' مصنوعی ذہانت کے میدان میں بہت بڑا قدم ثابت ہوا۔

1957 میں ان ہی دونوں سائنس دانوں کی مشترکہ کوششوں سے TheGeneral

Problem Solver لکھا گیا۔ وائی نر کے نظریۂ بازگیری کے اصولوں کی بنیاد پر لکھا گیا یہ پروگرام عمومی ذہانت (commonsense) کے مسائل کے بہتر حل تلاش کرنے میں بہت کامیاب رہا اور مصنوعی ذہانت کے باب میں اس کا استعمال عام ہو گیا۔

The General Problem Solver کی کامیابی کے بعد بہت سارے اور بھی پروگرام لکھے گئے مگر اس میدان میں جو سب سے بڑی کامیابی حاصل ہوئی وہ 1958 میں John McCarthy کی ایجاد کردہ کمپیوٹر کی زبان Lisp یعنی List Processing تھی جو مصنوعی ذہانت کے بہت سے پروگراموں میں آج بھی استعمال کی جاتی ہے۔

بعد کے برسوں میں ارتقا کا عمل تیز سے تیز تر ہوتا گیا اور بہت سے پروگرام لکھے گئے جن میں مندرجہ ذیل نے سنگ میل کی حیثیت پائی۔

(1) SHRDLU: اس پروگرام کی مدد سے کمپیوٹر ہندی اشکال (Geometric Shapes) پہچاننے کے قابل ہو گیا۔

(2) STUDENT: اس کی مدد سے مشین الجبرا کی گتھیاں سلجھانے کے قابل ہوئی۔

(3) SIR: اس پروگرام کی مدد سے کمپیوٹر انگریزی کے آسان جملوں کو سمجھ کر ان سے معنی اخذ کرنے کے قابل ہوا۔

(4) MINSKY'S FRAMES THEORY: اس پروگرام اور David Marr کے نظریات کی بنیاد پر لکھے جانے والے پروگرام کی مدد سے کمپیوٹر کسی شے کے سائے کو دیکھ کر اس کی شکل کا اندازہ لگانے کے قابل ہو گیا۔

تازہ ترین نظریہ جو ایک ایرانی نژاد امریکی سائنس داں (Lotfi Zadeh) لطفی زادہ نے پیش کیا ہے، اس کو مبہم منطق (Fuzzy Logic) کا نام دیا گیا ہے۔ مبہم منطق اس کیفیت میں لاگو ہوتی ہے جہاں کسی مسئلے کا حل 'ہاں' اور 'نہیں' کے درمیان معلق ہو۔ چونکہ کمپیوٹر 'ہاں' اور 'نہیں' کے اشاروں ہی کو پہچانتا ہے، اس لیے ایسے مرحلے پر جہاں ہاں اور نہیں دونوں ہی جواب غلط ٹھہرتے ہوں، مبہم منطق کا طریق کار اختیار کیا جاتا ہے۔ مبہم منطق غالباً اس میدان کی سب سے اہم دریافت ہے جس کی مدد سے ایک دن نہایت ذہین مشینیں ایجاد ہو سکیں گی۔

ذہانت خود اتنی پیچیدہ اور گنجلک چیز ہے کہ انسان اس کا حامل ہوتے ہوئے خود بھی اس

کو پوری طرح سمجھ نہیں پاتا ہے۔ ایسے میں اگر مصنوعی ذہانت کی بات کی جائے تو سننے والا اس سوچ میں پڑ جاتا ہے کہ بھلا یہ کیسے ممکن ہوگا کہ مصنوعی ذہانت بنائی جاسکے گی اور اس سے بنی ہوئی مشینیں شاید انسان کے دماغ کے برابر کام کرنے کے قابل ہوسکیں گی۔

مصنوعی ذہانت کے میدان میں جو بھی پیش رفت ہورہی ہے، اس کا اصل مقصد تو یہی ہے کہ ایسی ذہین مشینیں بنائی جاسکیں جو انسان کی طرح سوچ سکیں اور انسان کا ہاتھ بٹا سکیں۔ مصنوعی ذہانت کا تصور تو صدیوں پرانا ہے مگر یہ صرف خیالات اور تصورات کی حد تک تھا۔ 1943 میں جب کمپیوٹر ایجاد ہوا تو اس خیال کو تقویت ملی کہ چونکہ اب ایسی مشینیں ایجاد ہوچکی ہیں جو بعض میدانوں میں انسان سے زیادہ پھرتی سے کام انجام دیتی ہیں، اس لیے اب انسان کا وہ خواب شرمندۂ تعبیر ہوسکے جس میں وہ اپنا ایک ایسا محکوم مشینی ہرکارہ (robot) بنانا چاہتا تھا جو کام اسی کی طرح کرے مگر چون و چرا کیے بغیر۔

مصنوعی ذہانت کے ابتدائی ایام سے ہی محقق اس بات پر متفق ہیں کہ قدرتی ذہانت صرف اور صرف انسان کے اپنے تجربات کے خزانے سے بن کر ابھرتی ہے، اگرچہ راقم کے نزدیک یہ کلیتاً صحیح نہیں۔ جیسا کہ ذہانت کے باب میں بیان کیا جاچکا ہے، ذہانت دراصل ایک انجن (engine) کے مماثل ہے جو خلقت کے وقت انسان کو عطا ہوتا ہے۔ اس انجن سے ریل گاڑی اس کے تجربات سے بنتی ہے۔ اگر یہ صحیح نہ ہوتا تو ہر دماغی طور پر مفلوج انسان کو معلومات کا خزانہ مہیا کرنے کے باعث عقل یا ذہانت دی جاسکتی۔

چونکہ انسان اپنی ذہانت اور خزانۂ علم کے استفادے سے مسائل کے حل نکالتا ہے تو پھر آج کا ذہین کمپیوٹر بھی یہ کام کرسکتا ہے بشرطیکہ انسان اس کو اپنے تجربات کا خزانہ عطیے میں دے دیا۔ لہٰذا کام اسی نہج پر شروع ہوا اور ماہرین نے پہلا کام یہ کیا کہ عمل تلاش (search) کے لیے، جو انسانی دماغ لاشعوری طور پر پلک جھپکتے کرلیتا ہے جو سب سے مشکل کام بھی ہے اور ذہانت کا ایک اہم اوزار بھی، آسان طریقہ ڈھونڈا جائے۔ یہ اس لیے ضروری تھا کہ جتنا زیادہ خزانۂ علم (database) ہوگا، مصنوعی ذہانت اتنی ہی معتبر ہوگی۔ علم اور تجربات کے بحرِ ذخار سے مطلب کی بات آنِ واحد میں تلاش کرنے اور اس کے استعمال سے کوئی نتیجہ نکالنے کے لیے تلاش کا عمل نہایت سریع اور معتبر ہونا چاہیے۔

مصنوعی ذہانت کا سب سے اہم اوزار عمل تلاش ہی ہے اور اس سلسلے میں کئی طریقے

استعمال کیے جا سکتے ہیں۔ ایک طریقہ تو تلاش بذریعہ عمل تخفیف (search by elimination) ہے یعنی مطلوبہ شے یا اطلاع کی تلاش کی کوشش میں ان راستوں اور مآخذ سے کلی طور پر صرف نظر کرنا جہاں اس کے ملنے کا قطعی امکان نہ ہو۔ ہمیں شاید احساس نہ ہو مگر انسان کا ذہن ہمہ وقت انھی خطوط پر چل کر تلاش کو آسان بناتا ہے، اس طریق تلاش کے لیے بہت سی مثالیں دی جا سکتی ہے مگر اہل پاکستان کے لیے غالباً بہترین مثال پاکستان ٹیلی وژن کا 'کسوٹی' نامی وہ پروگرام تھا جو پچھلی صدی کی ساتویں دہائی میں بہت مقبول ہوا تھا۔ اس پروگرام میں کوئی ایک مہمان شخصیت سوال کرتی تھی۔ سوال کا جواب بوجھنے کی غرض سے دو افراد (عبیداللہ بیگ اور افتخار عارف) سوالات کرتے تھے جن کا جواب صرف اثبات یا نفی میں دیا جاتا۔ سوال پوچھنے والی مہمان شخصیت صرف بیس سوالوں کے جوابات دینے کی پابند ہوتی اور اس طریقے سے دونوں حضرات مہمانوں کے پوچھے ہوئی سوال کے جواب تک پہنچ جاتے۔ اس پروگرام میں سوالوں کے جواب کے ذریعے کسی راہ پر آگے بڑھنا یا اس کو ترک کر دینے کا طریقہ اختیار کیا گیا تھا۔ اس طرح جہاں جواب نفی میں ہوتا، اس طرف جانے والے راستوں کو ترک کر دیا جاتا اور نئے سراغ کی تلاش میں دوسرا سوال کیا جاتا، اس لیے کہ غیر ضروری سوالوں میں وقت برباد نہ ہو۔

اگر دیکھا جائے تو کسی شے کی تلاش کا عمل بظاہر بہت آسان ہے۔ مثال کے طور پر اگر ہم یہ معلوم کرنا چاہیں کہ لندن کی کس دکان سے عروسی کا لباس مل سکے گا تو اگر شہر کے ایک کونے سے دوسرے کونے تک دکان دکان تلاش شروع کی جائے تو ریاضی کے اصول average کے مطابق اوسطاً آدھی دکانیں ڈھونڈنے کے بعد وہ لباس عروسی مل جائے گا۔ یہ تو ہوا آسان تلاش کا طریقہ مگر اس کے لیے کتنی محنت اور کتنا وقت درکار ہوگا۔ لہٰذا تلاش کو مختصر اور تیز کرنے کے لیے پہلے یہ معلوم کرنا ہوگا کہ شہر کے کن علاقوں میں لباس فروخت کرنے والی دکانیں موجود ہیں۔ اس لیے کہ اس بات کا امکان زیادہ ہوگا کہ اس علاقے کی کسی دکان میں مطلوبہ لباس موجود ہوگا۔ اگرچہ اس میں ناکامی کا عنصر بھی موجود ہوگا۔ تلاش کو اور مختصر کرنے کے لیے ایک قدم آگے بڑھ کر یہ بھی معلوم کرنا ہوگا کہ شہر کے کن علاقوں میں سلے سلائے کپڑے فروخت کرنے کی دکانیں ہیں۔ لہٰذا ریاضی کے ماہرین نے تلاش کا ایسا طریقہ ایجاد کیا جس میں سو فی صد کامیابی ضروری نہیں، اس دریافت کے طریق تلاش کو نیورسٹک سرچ (neuristic search) کہتے ہیں۔ اگر دیکھا جائے تو یہ خیال بھی انسان ہی کے طریق تلاش سے سیکھا گیا ہے۔ اس کی وجہ سے تلاش کا کام

بہت آسان ہو گیا ہے۔ اور پھر انسان کے علم کو استعمال کرنے کی انوکھی جبلت نے جس کے استعمال سے وہ تحقیق کے قابل ہوتا ہے اور اس میں اعتماد پیدا ہوتا ہے، سائنس دانوں کے مثبت اشارے فراہم کیے۔ لہٰذا اگر علم کا خزانہ کسی کمپیوٹر کے پاس بھی ہو اور وہ سرعت سے مطلب کی بات تلاش کرنے کا بھی اہل ہو تو ایسے پروگرام لکھے جا سکتے ہیں جن کے ذریعے وہ کچھ کیا جا سکتا ہے جس کو دیکھ کر انسان یہ تمیز بھی نہ کر سکے کہ یہ انسان کر رہا ہے یا کوئی مشین۔

سائنس دان بھی یہ مانتے ہیں کہ ذہانت کا انجن ہی سب کچھ نہیں، تجرباتی علم کا خزانہ (database) بھی ضروری ہے جس کی مدد سے ذہانت کا انجن نزدیک ترین راستے کے ذریعے جلد اپنی منزل پر پہنچ جائے گا۔ اس کا ثبوت اس بات سے ملتا ہے کہ وہ طالب علم ذہانت کے امتحان میں زیادہ کامیابی حاصل کر لیتا ہے جو پہلے اس سے گزر چکا ہو یعنی اس کو اس کا تجربہ ہو چکا ہو، خواہ وہ کامیاب ہوا ہو یا نہیں، بہ نسبت اس طالب علم کے جو پہلی بار امتحان دے رہا ہو۔

بہت سے سائنس دان اور فلسفی اب یہ ماننے کو تیار ہیں کہ تخلیقی یا اختراعی صلاحیت حاصل کی جا سکتی ہے بشرطیکہ سیکھنے والے کے پاس بنیادی ذہانت ہو۔ گویا ذہانت اور تخلیقی صلاحیت میں سارا کھیل علم اور تجربات کا ہے تو پھر اگر کوئی مشین طاقتور پروسیسر (processor) کی حامل ہو اور اس میں علم کا خزانہ بھی ہو تو وہ اس انسان کی طرح کام کر سکتی ہے جو اس مشین کے برابر ذہانت اور علم کا خزانہ رکھتا ہو۔ مسئلہ یہاں صرف یہ درپیش ہوگا کہ خدا نے انسان کو علم کا اطلاق (apply) کرنے کی جو قدرتی صلاحیت دی ہے، اس کے برابر اور اس جیسا پیچیدہ پروگرام کیسے اور کب لکھا جا سکے گا۔ سائنس دانوں کے مطابق یہ ہرگز ناممکن نہیں، اس لیے کہ کمپیوٹر آج ایسے بہت سے کام کر سکتا ہے جو پچاس ساٹھ برس قبل ممکن نہ تھے تو شاید پچاس، ساٹھ، سو برس بعد یا اس سے پہلے بھی ایسے پروگرام لکھے جا سکیں گے جن کے بارے میں ابھی صرف خواہش ہی کی جا سکتی ہے۔

کمپیوٹر کے لیے بڑے سے بڑے اور مشکل سے مشکل پروگرام کا لکھنا مشکل نہیں، اگر پورے عمل کو چھوٹے چھوٹے آسان ٹکڑوں میں تقسیم کیا جا سکے۔ دراصل ساری مشکل یہی ہے۔ یہاں ایک مثال سے اس کو آسان کیا جا سکتا ہے۔ کسی ریڈیو بنانے والے کارخانے میں کام کرنے والے ایک کاریگر سے اگر کہا جائے کہ تم ایک پورا ریڈیو بنا دو تو وہ ناکام ہوگا مگر وہی کام دس بیس یا پچاس کاریگر چھوٹے چھوٹے ٹکڑوں میں کرتے ہیں اور معینہ وقت میں پورا اور صحیح کام

کرتا ہوا ریڈیو بن کر تیار ہو جاتا ہے۔ جب کہ سارے کاریگروں میں سے شاید کسی ایک کو بھی یہ علم نہیں ہوتا کہ وہی ریڈیو جو ان سب نے مل کر تیار کیا ہے، کس طرح کام کرتا ہے۔ پہلا آدمی صرف چند مخصوص پرزے لگاتا ہے، جس کی اس کو تربیت ہوتی ہے، دوسرا دوسری طرح کے پُرزے لگاتا ہے، تیسرا اور قسم کے، غرض ایک ایک کر کے سارے پرزے اپنے اپنے مقام پر ٹھیک لگ جاتے ہیں، پھر آخر میں ان لوگوں کی قطار ہوتی ہے جو بن کر تیار ہو جانے والے ریڈیو کی کارکردگی کی مختلف طریقوں سے جانچ پڑتال کرتے ہیں۔

اس طریق کار پر عمل کے ذریعے بڑے بڑے کارخانے مشکل اور پیچیدہ مشین اور مصنوعات بناتے ہیں۔ لطف یہ ہے کہ اب چھوٹے چھوٹے کاموں کے لیے انسان کے بجائے روبوٹ یعنی مشینی ہرکارے کام کرتے ہیں۔ مشینی ہرکاروں کا موٹر گاڑیاں بنانے والے کارخانوں میں اب عام استعمال ہو رہا ہے۔ خصوصاً ان کاموں کے لیے روبوٹ کا استعمال عام ہو گیا ہے جن میں گندگی ہو یا ان میں استعمال ہونے والے اجزا انسانی صحت پر مضر اثرات ڈالتے ہوں۔ گویا یہ مشینی ہرکارے ذہین نہیں ہوتے مگر وہی کرتے ہیں جس کام کی ان کو تربیت دی گئی ہو۔ یہ دراصل احکامات اور ان کے دیے جانے کا منطقی سلسلہ ہے جو ان مشینی ہرکاروں کو تیز کام کرنے کی صلاحیت عطا کرتا ہے اور ان میں سے ایک بہت ہی بنیادی قسم کی مصنوعی ذہانت پیدا کرتا ہے۔

بڑے سے بڑے مسائل کو چھوٹے چھوٹے مسئلوں میں بانٹ کر آسان کرنے کا طریقہ قواعد اعداد جس کو انگریزی میں الگوردم (Algorithm) کہتے ہیں، ایک عرب ریاضی داں الخوارزمی کا ایجاد کیا ہوا تھا۔ آج کمپیوٹر کے پروگرام کے لکھنے میں قدم قدم پر الگوردم کا استعمال ہوتا ہے مگر اب یہ رجحان بڑھ رہا تھا کہ الگوردم کے ذریعے معیاری پیمائش کی بڑی بڑی اکائیاں (modules) لکھ لی جاتی ہیں جن کو بار بار جہاں جہاں ضرورت ہو، استعمال کیا جاتا ہے۔ یہ اکائیاں پیچیدہ بھی ہو سکتی ہیں جن کے ذریعے ایک وقت میں ایک سے زیادہ احکامات پر عمل کرایا جا سکتا ہے، بالکل اسی طرح جیسے ہم کسی عمارت کو تعمیر کرتے ہیں تو مخصوص کام کے لیے مخصوص کاریگر تلاش کرتے ہیں بجائے اس کے کہ ہر کام ایک ہی کاریگر سے کرانے کی کوشش کریں۔ مثال کے طور پر بجلی کا کام تجربہ کار بجلی والا کرتا ہے جب کہ پلاسٹر کے لیے اس کا ماہر تلاش کیا جاتا ہے۔

پروگرام کی صورت میں دیے جانے والے احکامات کے بغیر کمپیوٹر ایک بے زبان اور

عقل سے عاری مشین کے سوا کچھ نہیں، اس کو جو کام دیا جائے، اس کو چون و چرا کے سرعت کے ساتھ کر دیتی ہے۔ مصنوعی ذہانت کا شعبہ اس کوشش میں سرگرداں ہے کہ وہ ایک دن مشین کو سوچنے کے قابل بنا سکے۔ مثال کے طور پر کمپیوٹر سے اگر یہ کہا جائے کہ برتن دھونے والی مشین میں پڑے یہ سارے جھوٹے برتن دھو دو تو مشین ان کے برتنوں کو دھو ڈالے گی مگر اس سے یہ توقع نہیں رکھنی چاہیے کہ اگر ان برتنوں میں کچھ برتن پہلے سے دھلے ہوئے ہوں تو ان کو دھونے کے عمل کو روک دے۔ لیکن اگر ان امکانات کے ذریعے مشین کو دھلے ہوئے برتنوں کو شناخت کر لینے کا طریقہ بتا دیا جائے اور یہ حکم دیا جائے کہ دھلائی کے دوران اگر کوئی دھلا ہوا برتن آجائے تو مشین رک جائے بلکہ جب بھی کوئی دھلا ہوا برتن ملے تو اس کو چھوڑ کر اس سے اگلے برتن کو دھونا شروع کر دے۔ اس حکم میں اس طرح کی 'ذہانت' بھی ڈالی جاسکتی ہے کہ دھلائی کے دوران ٹوٹے یا دھلے ہوئے برتن کو پہچان کر ان کے دھونے پر وقت اور پانی ضائع نہ کیا جائے۔ اس طرح ہنر مند (expert) پروگرام لکھے جا رہے ہیں اور یہ سارا کام مصنوعی ذہانت کے سوا اور کسی سائنس یا تکنیک سے نہیں ہو سکتا۔

اب جو نئی پروگرامنگ زبانیں (programming languages) تیار کی جا رہی ہیں، ان کی مدد سے پروگرام لکھنا اتنا آسان ہو گیا ہے کہ ان کو جلدی سیکھ کر کام میں لایا جا سکتا ہے بالکل ایک عمارت بنانے والے ٹھیکے دار (contractor) کی طرح جو ہر کام کے لیے موجود کاریگر کو کام سونپ کر اگلی منزل کی طرف بڑھ جاتا ہے۔

ایک عام کمپیوٹر چونکہ ہر طرح کے فیصلے کی صلاحیت نہیں رکھتا، اس لیے احکامات کی بجا آوری کے دوران اگر کوئی ایسا مرحلہ آجائے جہاں پیش آنے والی مشکل کا حل موجود نہ ہو تو کمپیوٹر رک جائے گا جب تک کہ اس کو اس مشکل کا حل نہ دے دیا جائے۔ اب الگورِدم کے ذریعے بہت ساری چھوٹی بڑی مشکلوں کے جواب تیار کر دیے گئے ہیں جن پر عمل کی صورت میں کمپیوٹر پیچیدہ کام بھی کر لیتا ہے اور اس کی تیز کارکردگی بھی برقرار رہتی ہے، مثلاً اگر عمل کے دوران ایسا کوئی مقام آجائے جہاں سے آگے بڑھنے کا راستہ نہیں تو کمپیوٹر اس مقام کی نشان دہی کر کے اور error report بنا کر دوسرے متوقع راستے پر آگے بڑھ سکتا ہے۔

ذہین مشین بنانے کی کوشش میں مصنوعی ذہانت کا سائنسی شعبہ مختلف انداز کار، طریقوں اور مختلف کلیات بٹ گیا ہے۔ ان متضاد اور متصادم طریقوں سے کام کرنے والے اس

بات پر متفق ہیں کہ بنیادی طور پر دو ہی طریقے ہیں جن کے ذریعے وہ کسی مثبت نتیجے پر پہنچ سکتے ہیں۔ یعنی نیچے سے اوپر کی جانب یا اوپر سے نیچے کی جانب سفر کیا جائے۔ پہلے طریقے پر عمل کے داعی کہتے ہیں کہ مصنوعی ذہانت حاصل کرنے کے لیے انسانی دماغ کی برقیاتی نقل بنانے کی کوشش کرنی چاہیے جب کہ دوسرے طریقے والے اس بات پر زور دیتے ہیں کہ کمپیوٹر کے پروگراموں کے ذریعے ہم کو دماغ کے انداز کار کی نقل کرنے کی کوشش کرنی چاہیے، یعنی ایک مکتب خیال کہتا ہے کہ ذہین مشین (intelligent hardware) بناؤ، دوسرا کہتا ہے کہ مشین نہیں مشین چلانے والے ذہین پروگرام (intelligent software) بناؤ۔ یعنی دو مکاتب خیال کے درمیان آویزش ہے۔

پہلے مکتب خیال والوں کی ہم نوائی کے سلسلے میں جب ہم انسانی دماغ کی ساخت کا مطالعہ کرتے ہیں تو ہمیں پتہ چلتا ہے کہ یہ چھوٹا اور نازک ترین جزو بدن اربوں کھربوں اعصابی خلیوں کا مجموعہ ہے۔ انسانی دماغ کیسے کام کرتا ہے، اس کا پورا اندازہ تو ابھی تک نہیں ہو سکا ہے مگر اتنا ضرور معلوم ہو گیا ہے کہ یہ اعصابی خلیوں کا ایک لامتناہی جال ہے اور یہ بھی کہ یہ اعصابی خلیے بظاہر خود ذہین نہیں ہیں۔ الگوردم کے اصول کے مطابق ہر خلیے کو ایک کار مخصوص کرنا ہوتا ہے جس کا اسی کو علم ہوتا ہے اور اس معینہ کام کی تکمیل کا نتیجہ اپنے پڑوسی خلیے تک پہنچانا ہوتا ہے۔ ان اعصابی خلیوں کے جالے نما اتصال میں برقی اشاروں کی جو ترسیل ہمہ وقت ہوتی رہتی ہے، اسی سے انسانی ذہانت بنتی ہے۔

سائنسی تحقیق سے پتہ چلتا ہے کہ انسانی دماغ کے پھیلے ہوئے اربوں کھربوں اعصابی خلیے ایک سمت سے اشارے کے احکام (commands) وصول کرتے ہیں، اس پر کام کرتے ہیں اور نتیجہ اپنے ہمسائے خلیے کے حوالے کر دیتے ہیں۔ دو ہمسایہ خلیوں کے درمیان خفیف سا خلا ہوتا ہے جس میں رقیق مادہ بھرا ہوتا ہے۔ جب ایک خلیہ دوسرے خلیہ تک پیغام پہنچانا چاہتا ہے تو پیغام کا برقی اشارہ جو ہاں یا نہیں یعنی '0' اور '1' کی شکل میں ہوتا ہے۔ ایک مخصوص لحمیے (protein) میں تبدیل ہو کر درمیان میں موجود رقیق مادے میں تیر کر دوسرے خلیے کے ساحل تک پہنچ جاتا ہے اور وہاں پہنچ کر وہ پروٹین مخصوص برقی اشارے (signal) میں تبدیل ہو کر خلیے کو مل جاتا ہے۔ پھر وصول کنندہ خلیہ اپنا طے شدہ کام کرنے کے بعد نئے برقی اشارے کو اگلے خلیے تک پہنچانے کا عمل انجام دیتا ہے اور یہ سلسلہ چلتا رہتا ہے۔

اس دلچسپ اور حیرت افزا عمل کو دیکھ کر ہی سائنس دان اس نتیجے پر پہنچے ہیں کہ بڑے سے بڑا اور پیچیدہ سے پیچیدہ عمل انسانی دماغ میں الگورِدم کے طریق کار کی طرح چھوٹے چھوٹے آسان اعمال میں تقسیم کر دیا جاتا ہے اور ہر خلیہ برقی اشاروں کو مثبت یا منفی جواب دے کر آگے بڑھا دیتا ہے یعنی وہی صفر اور ایک کے ہندسے والی بات جس کی بنیاد پر کمپیوٹر کام کرتے ہیں۔

دماغ جیسے پیچیدہ عضو کی نقل بنانا کچھ ایسا آسان بھی نہیں، اس لیے مصنوعی ذہانت کے میدان میں پیش رفت کا رخ ایسے پروگرام لکھنے کی طرف موڑ دیا گیا ہے جن کے ذریعے مشکل سے مشکل کام چھوٹے چھوٹے عام فہم اعمال میں تقسیم کر دیا جائے اور پورے پروگرام کو چلانے کے لیے زیادہ طاقتور کمپیوٹر بنائے جائیں اور یہی چھوٹے چھوٹے لاکھوں کروڑوں پروگرام جب ایک ساتھ مل کر کسی سپر کمپیوٹر (super computer) پر چلائے جاسکیں گے تو انسانی ذہن کا ایک معتد بہ متبادل تیار کیا جاسکے گا۔

ایک اور مکتبِ فکر کا کہنا ہے کہ کیوں نہ ہم فطرت سے سبق حاصل کریں یعنی ایک نوزائیدہ بچے کی ذہانت کی طرح سے اپنا کام شروع کر دیں۔ یعنی جس طرح درجہ بچہ سیکھتا اور عمل کرتا ہے، اسی طرح کوئی ایک کمپیوٹر بھی ترقی کرے مگر یہاں یہ مسئلہ درپیش ہوگا کہ اس طرح صرف ایک مخصوص انسانی دماغ کی نقل تیار ہوسکے گی جب کہ دنیا میں تو اربوں انسان ہوتے ہیں جو مختلف زبانیں بولتے ہیں اور مختلف طریقوں سے کام کرتے ہیں۔ ان سارے موضوعات پر کچھ لکھنا تو دور رہا، ان کا اجمالی تذکرہ خود ایک ضخیم کتاب کا موضوع ہے۔

مصنوعی ذہانت ایک وسیع موضوع ہے اور اس پر ابھی برسوں نہیں صدیوں کام ہوسکتا ہے۔ اب تک (یعنی آج سے بیس بائیس سال قبل: مدیر) جو کچھ حاصل کیا جا چکا ہے، ان کی جھلک سب سے چھوٹی اور آسان مشین میں نظر آتی ہے جو گھڑی کے خول میں بند ہم سب کے سرہانے رکھی ہوتی ہے، مقررہ وقت پر سوتے ہوئے کو جگانے کے کام آتی ہے اور کاہل سونے والے کو نہ اٹھنے کی صورت میں بار بار جگاتے رہنے کی کوشش کرتی ہے۔

اس طرح دیکھا جائے تو یہ بات انتہائی حیرت کی لگتی ہے کہ کیا واقعی مصنوعی ذہانت اتنی آسان ہے۔ نہیں، یہ بات اتنی آسان نہیں ہے۔ آسان اس وقت لگتی ہے جب ہم اس کے عادی ہو چکے ہوتے ہیں۔ کسی سائنس داں کا قول ہے کہ مصنوعی ذہانت کے اصولوں پر بنائی ہوئی کوئی بھی مشین ایک عام سی مشین بن جاتی ہے جب لوگ اس کے بار بار استعمال سے اس کے عادی

ہو جاتے ہیں۔

آج ہزاروں ایسی مشینیں اور ایسے آلات انسان کے استعمال میں ہیں جو مصنوعی ذہانت کے ذریعے ہی کام کرتے ہیں۔ سوتے سے جگانے والی گھڑی میں صرف اتنی ذہانت ہے کہ ایک مقررہ وقت پر گھنٹی بجا دیتی ہے اور اس وقت تک بجاتی رہے گی جب تک اس کو چلانے والی طاقت یا مقررہ مدت ختم نہ ہو جائے۔ اسی گھڑی کو اس طرح پروگرام کر دیا جائے کہ اگر ایک مقررہ وقفے تک گھنٹی بجنے کے باوجود اس کو بند کرنے کی کوشش نہ کی جائے تو یہ خود بخود بند ہو جائے گی۔ یعنی گھڑی میں اتنی ذہانت آ گئی کہ چونکہ کسی نے گھنٹی بند کرنے کی کوشش نہیں کی تو یا تو اس جگہ کوئی انسان موجود ہی نہیں، یا پھر وہ اتنی گہری نیند سو رہا ہے کہ وہ اس کی آواز سے بیدار نہیں ہوگا۔ اسی گھڑی کو اس قابل بھی بنایا جا سکتا ہے کہ اگر مقررہ وقت کے اندر گھنٹی بند کرنے کی کوشش نہ کی جائے تو گھنٹی کی آواز اور بلند ہو جائے، ہو سکتا ہے کہ سونے والا جاگ چکا ہو اور کمرے سے باہر گیا ہوا ہو اور اس تک گھنٹی کی آواز نہ پہنچ رہی ہو یا زیادہ گہری نیند میں ہو۔ ایسی گھڑی سے منسلک بجلی کے موٹر کے ذریعے گہری نیند میں سوئے ہوئے انسان کے بستر کو ہلانے کے احکام بھی دیے جا سکتے ہیں جس کے ذریعے سوتے کو جگایا جا سکے۔

آج انسان کے استعمال میں جتنی خودکار مشینیں ہیں، تقریباً سب مصنوعی ذہانت کے بل پر چلتی ہیں۔ کپڑے دھونے کی مشین کو مائکروچپ (microchip) کی صورت میں ایک ایسا چھوٹا سا دماغ دے دیا گیا ہوتا ہے جس کے ذریعے وہ حسب ضرورت یعنی کپڑوں کی مقدار کے مطابق، پانی حاصل کرتی ہے پھر کپڑوں کو کھنگالتی ہے، پانی کو گرم کرتی ہے پھر کھنگالتی ہے تاکہ کپڑے صاف ہو جائیں اور پھر صابن بھرا پانی خارج کرتی ہے، صاف پانی حاصل کرتی ہے، تین بار پانی سے کپڑے دھوتی ہے آخر میں پانی نچوڑنے کے لیے تیز چلتی ہے۔ پھر خود بہ خود رک جاتی ہے اور مالک کو سیٹی بجا کر متوجہ کرتی ہے کہ لو بھئی اپنے کپڑے لے جاؤ۔

کیا یہ وہ سب ایجادیں نہیں ہیں جو انسان نے اپنے ذہن اور اپنے تجربے سے حاصل کی ہیں؟ اس طرح کی ہزاروں مثالیں موجود ہیں: ریفریجریٹر، ائیر کنڈیشنر، ٹوسٹر، موٹر گاڑیوں کے Fuel Injection Carburetter، کھلونے، حفاظتی الارم کا نظام (security alarm)، کمپیوٹر کا شطرنجی کھیل: یہ سب مصنوعی ذہانت کی مدد سے ہی کام کرتے ہیں، یہ اور بات ہے کہ کچھ کی سطح عام اور نچلی ہوتی ہے اور کچھ کی اونچی اور مشکل۔

ہوائی جہاز اڑانے کی خودکار مشین آٹو پائلٹ (Auto Pilot) مصنوعی ذہانت کی حیرت انگیز اور آسانی سے سمجھ میں آ جانے والی مثال ہے۔ یہ مشین آج اتنی محفوظ اور قابل اعتماد بن چکی ہے کہ فضا میں بلند ہونے کے بعد ہوا باز کی مدد کے بغیر یہ ہوائی جہاز کے ہر کام کو خواہ وہ اندر کا فضائی نظام ہو یا ہوائی جہاز کو مخصوص بلندی پر لے جا کر موسم اور فضا کے حالات کی مناسبت سے رفتار میں رد و بدل کرنا ہو، زمینی مددگاروں سے رابطہ کرتے ہوئے ہوائی جہاز کو بحفاظت منزل مقصود کی فضاؤں تک لے جاتی ہے۔ یہ اور بات ہے کہ یہ خودکار ہوا بازی کی مشین بہت سی چھوٹی چھوٹی مشینوں کی مدد سے اپنا کام کرتی ہے جس میں راڈار (radar) بھی شامل ہوتا ہے۔ یہ مثال تو اس لیے معمولی ہو چکی ہے کہ اب تو جاسوسی کے لیے ایسے خودکار ہوائی جہاز (Drones) بھی استعمال ہو رہے ہیں جو ہوا باز کی مدد کے بغیر خود ہی پرواز کرتے بھی ہیں، تصویریں بھی لیتے ہیں، خطرے میں ہوں تو اپنا دفاع کرنے کی بھی صلاحیت رکھتے ہیں اور اپنا کام پورا کرنے کے بعد اپنے مخصوص اڈے پر واپس آ جاتے ہیں۔ خلائی جہاز جو دور دراز سیاروں تک خود پرواز کرتے ہیں اور فضا میں معلق مصنوعی سیارے جن کے ذریعے انسان ٹیلی وژن سے محظوظ ہوتا ہے اور ٹیلی فون پر باتیں کرتا ہے، فی زمانہ مصنوعی ذہانت کی اعلیٰ ترین مثالیں ہیں۔

سائنس دانوں کے مطابق مصنوعی ذہانت کے منصوبے کی کامیابی کے بہت زیادہ امکانات موجود ہیں۔ تحقیق کاروں کے مختلف گروہ، ماہرین تعلیم، سرکاری ادارے، کارپوریٹ مراکز مثلاً MIT، دی ورلڈ وائڈ ویب کنسورشیم (The Worldwide Web Consortium) اور مائکروسوفٹ (Microsoft) کارپوریشن جیسے مایہ ناز ادارے اطلاعات کے حصول کے ان منصوبوں کی معاونت کر رہے ہیں۔

['مصنوعی ذہانت: ایک نیا فکری تناظر'، اکادمی بازیافت، کراچی، فروری 2006]

ایلن ٹیورنگ: بابائے 'مصنوعی ذہانت'
باقر نقوی

ایلن ٹیورنگ لندن میں 23 جون 1912 کو پیدا ہوا۔ایلن ابھی اسکول ہی میں تھا کہ اس کا سائنس کی طرف میلان طبع ظاہر ہونا شروع ہو گیا،اس قدر کہ تاریخ یا انگریزی ادب پر بات کے دوران وہ توجہ دینے کے بجائے اپنے خیالات کی دنیا میں کھویا رہتا۔اس کے استادوں نے ایلن کو راہ راست پر لانے کی بہت کوشش کی مگر وہ کامیاب نہیں ہوئے یعنی ہونہار بروا کے چکنے چکنے پات کے مصداق سائنس یا ریاضی کی بات ہوتی تو ایلن کی خداداد ذہانت اور سائنسی استعداد کا بھرپور مظاہرہ دیکھنے میں آتا۔

ایلن 19 سال کی عمر میں کیمبرج کے مشہور زمانہ کنگز کالج میں ریاضی پڑھنے کے لیے داخل ہوا۔ یہاں اس کی پرانی دریافتوں کو دوبارہ نئے سرے سے دریافت کرنے کا میلان ابھر کر سامنے آیا۔ اور بجائے اس کے کہ متقدمین کے نظریات کو من و عن قبول کرتا، وہ ان دریافتوں کو دوبارہ نئے طریقوں سے دریافت کرنے میں زیادہ دلچسپی لیتا۔ ایلن اپنی تعلیم کی تکمیل کے بعد پرنسٹن یونیورسٹی میں پڑھانے لگا اور یہیں اس نے تحقیق کے دوران ایک مشین کا تصور پیش کیا، جو بعد میں بن کر ٹیورنگ مشین کے نام سے موسوم ہوئی۔ ایلن ٹیورنگ ہی وہ شخص تھا جس نے عددی کمپیوٹر (digital computer) کی پہل کاری کی اور یہ ٹیورنگ مشین ہی کا خاکہ تھا، جس پر چل کر آج کل استعمال ہونے والے عددی کمپیوٹر بنائے گئے۔ ایلن نے جس مشین کا خاکہ پیش کیا

تھا، وہ ہندسے یعنی 'صفر' اور 'ایک' پہچان سکتی جو ایک کاغذی فیتے (Tape) کے ذریعے منتقل ہوتے۔ اس نے یہ بھی بتایا کہ صفر (0) اور ایک (1) کے ہندسوں کے ملاپ سے کس طرح اطلاعات کا اظہار ہو سکتا ہے اور مرحلہ وار کس طرح کسی مسئلے کا حل نکالا جا سکتا ہے، یا کوئی کام کیا جا سکتا ہے۔

بیسویں صدی کی پانچویں دہائی تک بننے والے کمپیوٹر محدود صلاحیت کے مالک ہوتے اور مخصوص کام کر سکتے تھے مگر ایلن نے ایسی مشین کا تصور پیش کیا جو ہر طرح کے کام کر سکتی ہے، کچھ اس طرح جیسے کہ ہم آج ایک کمپیوٹر سے توقع رکھتے ہیں۔ صرف صفر اور ایک کا ہندسہ پہچاننے کا عمل نہایت آسان اور تیز ہوتا ہے اور کمپیوٹر کے لیے بڑے سے بڑے کام کو چھوٹے چھوٹے ٹکڑوں میں توڑ کر آسان مراحل کے الگورِدم کے ذریعے کرنے کی وجہ سے کمپیوٹر کی رفتار میں حیرت انگیز اضافے کا تصور ایک انقلابی خیال تھا۔ آج تک کمپیوٹر کے لکھے جانے والے پروگرام چھوٹے چھوٹے احکامات کی شکل میں ہی دیے جاتے ہیں جس کی وجہ سے پروگرامنگ نسبتاً سہل ہو گئی ہے۔ بڑے بڑے پروگرام لکھنے میں صرف اب اس بات پر محنت کرنی ہوتی ہے کہ ان کو کس طرح آسان سے آسان ٹکڑوں میں بانٹ کر حل کیا جائے۔ ایلن کو یقین تھا کہ مشکل سے مشکل مسئلے کے لیے قواعد اعداد متعین کیے جا سکتے ہیں، اس لیے کہ عددی طریقہ کار میں صرف صفر اور ایک کے ہندسے استعمال ہوتے تھے اور انھی کی طے شدہ ترتیب سے جو چاہے فرض کیا جا سکتا تھا کہ اس کے لیے کڑے اصول و قواعد بنانے اور ان پر عمل کرنا شرط اولین تھی۔

دوسری جنگ عظیم کے دوران ایلن ٹیورنگ نے برطانوی رسل و رسائل کے اداروں کی مدد اور اپنی بے پناہ ریاضی مہارت کے بل پر جرمنی کے خفیہ پیغامات (Codes) کو توڑنے کے لیے ایک مشین کولوسس (Colossus) بنائی جو جرمنی کی خفیہ (Intelligence) کے کمپیوٹر Enigma کے ہمہ وقت بدلتے ہوئے خفیہ اشاروں کو توڑ کر پیغامات پڑھ سکتی تھی۔ انیگما کا توڑ ایلن کا ایک بڑا کارنامہ تھا جس نے اتحادی فوجوں کو جنگ عظیم دوم میں کامیابی دلانے میں اہم کردار ادا کیا۔

ایلن نے ہی عددی کمپیوٹر کے خطوط پر ایک مشین کا خاکہ پیش کیا اور اس کام کے دوران اس نے کمپیوٹر اور قدرتی صلاحیتوں کے درمیان رشتہ بندی پر کام شروع کیا اور ذہین مشین (Intelligent Machinery) کے عنوان سے ایک مقالہ لکھا۔ یہی وہ پہلی اینٹ تھی جس

پر مصنوعی ذہانت کی تعمیر شروع ہوئی۔

ایلن ٹیورنگ کی اکثر و بیشتر اپنے ساتھیوں سے کمپیوٹر کے نئے نئے تصورات کے بارے میں گرما گرم بحث ہوا کرتی تھی۔ ہمارے آج کے نکتۂ نظر کے اعتبار سے ٹیورنگ کے خیالات منطقی دکھائی دیتے ہیں مگر اس وقت کے لوگوں کے لیے وہ نامانوس اور بے ڈھنگے ہوتے تھے۔ اپنی بحثوں کے دوران ایلن اپنے مخالفین کو لاجواب کرنے کے لیے ایک حربہ استعمال کرتا تھا۔ وہ کہتا کہ اچھا تم میں سے کوئی ہے جو ایک ایسا امتحان پیش کرسکتا ہے جس میں کامیابی کے لیے کمپیوٹر کی تربیت نہ کی جاسکے۔ یا یوں کہیں کہ کوئی ایسا سوال پیش کرو جس کے حل کرنے کے لیے کمپیوٹر کا پروگرام نہ لکھا جاسکے۔ اس کے خیال میں کمپیوٹر کے لیے ایسے کسی امتحان میں کامیاب ہونا قطعی ممکن تھا جس کے لیے کئی جوابوں میں سے ایک جواب (multiple choice) ہوتا ہو۔ ہاں ایسا امتحان جس کے لیے مضمون کی شکل میں لکھا جواب درکار ہو، کمپیوٹر کے لیے ممکن نہ ہوگا۔ ایلن کتنے دور رس ذہن کا مالک تھا اور اس کا خیال کتنا صحیح تھا۔ حالاں کہ آج ایسے پروگرام (software) لکھے جا چکے ہیں جو مخصوص الفاظ کے ذریعے مخصوص موضوعات پر، جن کے لیے احکامات دیے جاسکیں، مضامین لکھنے کی صلاحیت رکھتے ہیں۔ یہ اور بات ہے کہ ان میں ابھی تخلیقی اُپج نظر نہ آئے گی۔

ایلن کا اس بات پر ایمان تھا کہ انسانی دماغ کی ساخت کی بنیاد پر ایک ذہین مشین بنائی جاسکتی ہے۔ اپنے نکتۂ نظر کی وضاحت کے لیے 1950 میں ایلن نے ایک مقالہ لکھا جس کو آج Turing Test کے نام سے جانا جاتا ہے۔ اس کے مطابق آزمائش میں ایک کمرے میں ایک انسان اور دوسرے کمرے میں ایک مشین ہو اور دونوں سے keyboard کے ذریعے عمومی مسائل پر بات کی جائے۔ اگر دونوں سے بات کرنے والا یہ نہ بتا سکے کہ ان دونوں کمروں میں سے کس میں انسان ہے اور کس میں مشین ہے تو وہ مشین ذہین مشین کہلانے کی حق دار ہوگی۔ ایلن ٹیورنگ کا مقالہ مصنوعی ذہانت کے متلاشی سائنس دانوں کے لیے حرف اول بنا اور اس وقت یہ آزمائش کا طریقہ بہترین مانا گیا تھا۔

ایلن ٹیورنگ کو کامل یقین تھا کہ 2000 تک انسانی ذہن جیسی مشین وجود میں آجائے گی اور اس ضمن میں اس نے بہت سے کام بھی کیے۔ ایلن ان ماہرین علم حیاتیات (Biology) کے زیر اثر تھا جن کا کہنا تھا کہ حیاتیات یعنی زندگی دراصل کیمیا، ریاضی اور طبعیات کے مشترک

ایک خاص عمل ہی کا نتیجہ ہے۔ لہٰذا اس نے یہ نتیجہ نکالا کہ قدرت کے ہر عمل میں ریاضی کا دخل ہے۔

ایلن ٹیورنگ کی موت 1954 میں ذہنی توازن بگڑنے کے دوران Potassium Cynide کھا لینے کی وجہ سے ہوئی۔ یہ کیوں ہوا، یہ ایک ذاتی معاملہ تھا۔ یہاں اس تذکرے کا محل نہیں۔

['مصنوعی ذہانت: ایک نیا فکری تناظر'، اکادمی بازیافت، کراچی، فروری 2006]

زندگی، ادب اور ٹیکنالوجی

نجیبہ عارف

اس موضوع پر میں جو کچھ کہنا چاہتی ہوں اسے لکھ کر لائی ہوں۔ لکھ کر لانے کے لیے میرے پاس دو تین جواز بھی ہیں۔ پہلی بات تو یہ ہے کہ لکھنے سے اپنی فکر کو مرتب کرنے میں آسانی ہوتی ہے اور اس بات کا امکان کم ہو جاتا ہے کہ انسان خیالات کے بہاؤ میں بہہ جائے اور کوئی اہم نکتہ نظرانداز ہو جائے یا کم اہم یا غیر اہم بات زیادہ وقت اور توجہ چھین لے۔ دوسری بات یہ ہے کہ مقررہ وقت کی حدود و قیود کی پابندی آسان ہو جاتی ہے۔ تیسری اور میرے لیے سب سے اہم بات یہ ہے کہ میرا ذہن لکھتے ہوئے جتنا فعال ہوتا ہے، بولتے ہوئے نہیں ہوتا۔ مجھے ایسا محسوس ہوتا ہے کہ میرا اپنی ذات سے رابطہ لکھتے ہوئے بحال ہوتا ہے اور بولتے ہوئے ٹوٹ جاتا ہے۔ بظاہر تو لکھنے والا ایک ہی ہوتا ہے لیکن لکھتے ہوئے اس کی اپنی ذات کا ایک حصہ اس سے الگ ہو کر اس سے مکالمہ کرنے لگتا ہے۔ یوں جسے ہم مونولوگ کہتے ہیں وہ بھی ایک طرح کا ڈائیلاگ ہوتا ہے۔ تو آج کے اس ڈائیلاگ کا پہلا حصہ خود اپنے ساتھ مکالمہ ہے اور دوسرا حصہ آپ کے ساتھ مکالمہ ہوگا۔

زندگی، ادب اور ٹیکنالوجی تین الگ الگ اکائیاں ہیں جو ایک دوسرے سے پھوٹی ہیں اور ایک دوسرے کا عکس بھی ہیں۔ ہم کوشش کریں گے کہ اس مختصر گفتگو میں ان تینوں کو الگ الگ بھی سمجھنے کی کوشش کریں، ان تینوں کا ایک دوسرے سے رشتہ بھی دیکھیں اور ان تینوں کے ایک دوسرے پر اور سماج کی دیگر اکائیوں پر پڑنے والے اثرات بھی دیکھیں۔

زندگی سے بات شروع کرتے ہیں۔ زندگی کیا ہے؟ اس سوال کا جواب کئی پہلوؤں سے دیا جا سکتا ہے اور دیا جاتا رہا ہے۔

زندگی ہے یا کوئی طوفان ہے (درد)

زندگی زندہ دلی کا نام ہے (ناسخ)

زندگی کیا ہے عناصر میں ظہورِ ترتیب (اقبال)

زندگی نام ہے مر مر کے جیے جانے کا (فانی بدایونی)

اور آخر کار:

اک معما ہے سمجھنے کا نہ سمجھانے کا
زندگی کاہے کو ہے خواب ہے دیوانے کا
(فانی)

یہ سب جواب اپنی اپنی جگہ درست ہیں اور زندگی کو ایک خاص زاویے سے دیکھنے کے نتیجے میں حاصل ہوئے ہیں۔ زندگی ہے بھی ایسی ہی چیز؛ جو اپنی کلیت میں اس قدر مجرد اور ناقابلِ رسائی ہے کہ اسے دیکھنے اور سمجھنے کے لیے کوئی نہ کوئی دیدبان، کوئی نہ کوئی زاویہ، کوئی نہ کوئی پہلو منتخب کرنا پڑتا ہے اور پھر جو کچھ دکھائی دے اس کے حوالے سے باقی ماندہ زندگی کی حقیقت کو قیاس میں لانا پڑتا ہے۔

مثال کے طور پر فلسفیانہ نقطۂ نظر سے دیکھا جائے تو زندگی ایک مجرد قوت کا نام ہے جس کا اظہار زمان اور مکان کے اندر موجود اس دنیا میں مختلف طریقے سے ہوتا ہے۔ ہمارے اردگرد موجود ہر شے، خواہ ہم اسے جمادات، نباتات یا حیوانات کے زمروں میں تقسیم کریں، ثابت و سیار کے رُخ سے دیکھیں یا عالم فطرت اور عالم ایجاد کے نام سے یاد کریں، بہرحال اسی قوت حیات کا مظہر ہے۔ دوسرے لفظوں میں زندگی کا کوئی نہ کوئی عکس یا پہلو ہے۔

اگر ہم زندگی کی اس تصویر کو زوم کرتے ہوئے اپنے معاصر سماج پر فوکس کر دیں تو ہمیں وہ چیزیں زیادہ واضح نظر آنے لگیں گی جو ہمارے روزمرہ معمولات میں شامل اور دخیل ہیں۔ مثال کے طور پر انسانی سماج میں علم کا کردار اور دوسری طرف انسانی سماج میں ہنر کا کردار۔ ایک بات واضح کر دوں کہ یہاں انسانی سماج سے میری مراد پاکستان یا کسی بھی اور جغرافیائی حدود کے اندر رہنے والا مخصوص سماج نہیں بلکہ بنی نوع انسان کا وہ مشترکہ تجربہ ہے جو اس کرۂ ارض پر رہنے کے

دوران اسے حاصل ہوتا ہے۔

تو ہم نے دو چیزیں چن لی ہیں۔ علم اور ہنر۔ آج کا موضوع انھی دو چیزوں کے بارے میں ہے۔ علم اس وقت جس سمت میں گامزن ہے اس کی معراج ٹیکنالوجی کی وہ ترقی ہے جس کا ہم آئے دن مشاہدہ کرتے ہیں۔ اور ہنر کی کئی قسمیں جن میں دست کاریوں سے لے کر فنون تک سبھی آتے ہیں۔ ادب بھی فن کی ایک قسم ہے۔ ہم یہ دیکھنا چاہتے ہیں کہ زندگی کا ادب اور ٹیکنالوجی سے کیا تعلق ہے؟ یہ رشتہ مثبت ہے یا منفی؟ اس سے زندگی کے مقاصد آگے بڑھتے ہیں یا پسپائی اختیار کرتے ہیں۔

سب سے پہلی بات، جو مجھے ادب اور ٹیکنالوجی کے بارے میں بہت پہلے سمجھ میں آ گئی تھی، یہ ہے کہ ادب ٹیکنالوجی کا پیش رو ہے، ہادی و رہنما ہے، مربی و سرپرست ہے۔ یہ ادب ہی تھا جس نے پہلے پہل زندگی کی توسیع و تحلیل کرنے کی کوشش کی اور زندگی کے متوازی ایک اور زندگی تخلیق کی، جو سطح زمین پر نہیں، سطحِ ذہن پر موجود تھی۔ ادب کی تمام تر عظمت اور کامیابی اسی بات میں تھی کہ وہ کس حد تک اس تخیلاتی تجربے کو حقیقی تجربے میں بدل ڈالنے میں کامیاب ہوسکتا ہے۔ یہ ادب ہی تھا جس نے پہل پہل انسان کو اڑن قالینوں اور اڑن طشتریوں کے خواب دکھائے تھے، جس نے چشم زدن میں کوہ قاف کی بلندیوں تک جا پہنچنے کا امکان متعارف کروایا تھا، جس نے کھل جا سم سم کے اسرار کھولنے کی دعوت دی تھی، جس نے الہٰ دین کے چراغ سے جن نکال کر دکھا دیا تھا جو ہر مشکل سے مشکل کام چشم زدن میں سرانجام دے سکتا تھا۔

اگر ہم تفصیلات کو نظر انداز کر دیں تو بہ آسانی کہہ سکتے ہیں کہ ادب نے اب تک دو بڑے کارنامے سرانجام دیے ہیں۔ ایک تو انسان کو خود اس کی ذات سے ملوانے کی کوشش کی ہے اور دوسرے انسان کو کائنات کی لامحدود وسعتوں میں سرگرداں ہونے کی ترغیب دی ہے۔

انسان کی زندگی اس کائنات کے دوسرے مظاہر کے حوالے سے بہت مختصر اور محدود ہوتی ہے۔ اس محدود زندگی میں وہ شب و روز کا ہر لمحہ بھی مشغول رہے تو زیادہ سے زیادہ کتنے تجربے کرسکتا ہے؟ یہ ادب ہی تھا جس نے انسان کی زندگی کا تجربہ کرنے کی طاقت اور تعداد کئی گنا بڑھا دی تھی۔ جیسا کہ میں نے پہلے کہا تھا کہ اعلیٰ ادب کی ایک پہچان یہ بھی ہے کہ وہ جو زندگی پیش کرے، اسے ہو بہو قاری کے تجربے کا حصہ بنا دے۔ یہ وہ زندگی ہے جس میں زمان ہے نہ مکان، مگر جینے کی شدت اور اس کا احساس بعض اوقات حقیقی زندگی سے بھی زیادہ حقیقی ہوسکتا ہے۔

دراصل حقیقی اور خیالی بڑے گمراہ کن لفظ ہیں۔ یہ ہم نے اپنی آسانی کے لیے گھڑ رکھے ہیں۔ لفظ گھڑنے کا یہ عمل عمومی تجربات و مشاہدات کی بنیاد پر ہوتا ہے۔ لیکن زندگی کے عمدہ ترین اور نفیس پہلو عمومی نہیں ہوتے۔ اب سوال پیدا ہوتا ہے کہ عمدگی اور نفاست کیا ہے؟ انتہائی عام اور روزمرہ کے تجربے میں بھی جب عمومی معمول سے بڑھ کر کوئی ایسی شے شامل ہو جاتی ہے جو غیر معمولی اور نامانوس ہوتی ہے اور ایک خاص قسم کی حیرانی، ایک اہتزاز یا ایک میٹھے میٹھے درد کی کیفیت پیدا کر دیتی ہے، تو اس روزمرہ تجربے کو نفاست، گہرائی اور تہہ داری مل جاتی ہے۔ بدقسمتی سے اس بڑھے ہوئے جزو، اس گم نام شے کے بارے میں ہمیں اکثر کوئی مناسب لفظ دستیاب نہیں ہوتا۔ دستیاب لفظ عام طور پر ان تجربات پر محیط ہوتے ہیں جس سے لامحالہ ہر ایک کو گزرنا پڑتا ہے؛ ان پر نہیں جو صرف اس کو ہوتے ہیں جو گہرائی میں جانے کا شوقین ہو۔

حقیقی اور خیال کا بھی کچھ ایسا ہی معاملہ ہے۔ ہم حقیقی اسے کہتے ہیں، جسے حواس کی مدد سے جان سکیں، جسے دوسرے کو دکھا سکیں، جسے دہرا سکیں اور جس کو ثبوت کے طور پر پیش کر سکیں۔ ان خصوصیات کی بنیاد پر ہم حقیقی کو تخیلی پر ترجیح دیتے ہیں کیوں کہ یہ عملی زندگی میں زیادہ مفید ثابت ہوتا ہے۔ اس کے برعکس خیالی یا تخیلاتی کی خوبی یہ ہے کہ وہ زمان و مکاں سے ماورا ہوتا ہے اور اسی لیے لامحدود ہوتا ہے۔ تخیل میں امکانات کا بیش بہا ذخیرہ ہوتا ہے۔ ایسا ذخیرہ جسے ہم اپنی 'حقیقی زندگی' میں بروئے کار لانے کا تصور بھی نہیں سکتے۔ تخیل میں موجود ان امکانات کو بروئے کار لانے کے لیے تخلیقی قوت کی ضرورت ہوتی ہے۔ جتنی قوت تخلیق کسی میں موجود ہو، وہ اتنے ہی ناممکنات کو ممکن میں بدل ڈالنے پر قادر ہو سکتا ہے۔

یہ امکانات فرد کی ذات سے متعلق بھی ہو سکتے ہیں اور اس کی کائنات سے متعلق بھی۔ مثال کے طور پر ایک مرد اگر عورت کی زندگی کا تجربہ کرنا چاہے، یا ایک شخص اگر ماضی یا مستقبل کو جی کر دیکھنا چاہے تو وہ مرد رہتے ہوئے بھی، یا حال کا فرد ہوتے ہوئے بھی تخیل کی مدد سے ایسا کر سکتا ہے۔ ادب ہی وہ شے جو کئی صدیوں سے تخیل کی اس قوت کو تقویت دیتی آئی ہے۔ ادب فرد کو وہ پر عطا کرتا ہے جن کے سہارے وہ ناممکنات کی دنیا میں داخل ہو سکتا ہے۔ وہ اپنی ذات کے امکانات کو کھوج سکتا ہے، اپنی حدود و قیود سے باہر جھانک سکتا ہے۔

علم نے، جس کی ایک صورت اب ٹیکنالوجی کی شکل میں ہمارے سامنے ہے، ادب سے رہنمائی لی ہے اور انسان کے لامحدود تخیل کو حقیقی بنانے کی تگ و دو کی ہے۔ ٹیکنالوجی نے فرد

کے خیال اور حقیقت میں موجود فاصلے کو کم کرتے کرتے مٹا ڈالنے کی کوشش کی ہے۔ مثال کے طور پر ہمیں اپنے بچپن میں ٹیلی گراف اور ٹیلی فون بہت پراسرار آلے معلوم ہوتے تھے۔ اس وقت اگر کوئی کہتا تھا کہ ایسے فون ایجاد ہو جائیں گے جنھیں کسی تار کی ضرورت نہیں ہوگی یا جن میں آواز کے ساتھ ساتھ تصویر بھی نظر آئے گی تو یقین نہیں آتا تھا۔ پھر وہ دن بھی آیا کہ جب میرا بھائی امریکہ سے میرے لیے کمپیوٹر لایا اور میں نے زندگی کی پہلی ای میل کی۔ میرا دل بہت زور زور سے دھڑک رہا تھا اور مجھے یقین نہیں آتا تھا کہ اسکرین پر لکھے ہوئے میرے لفظ سینڈ کا بٹن دباتے ہیں کسی اور تک پہنچ جائیں گے۔ اب یہ تجربہ زندگی کا معمول بن چکا ہے۔ اور 'چیٹ جی پی ٹی' تو چند دن پہلے کی بات ہے۔ یہ تو محض چند ایک مثالیں ہیں ورنہ ٹیکنالوجی ہمارے شب و روز کا ناگزیر اور بہت بڑا حصہ ہے۔ یہاں صاحبانِ علم موجود ہیں۔ ان کے سامنے مثالیں پیش کرنے کی ضرورت نہیں کہ ٹیکنالوجی کس کس طرح سے انسانی زندگی میں دخیل ہے۔ میڈیکل سائنس سے لے کر کولیٹرل ڈیمیج کے نام پر انسانوں کے لیے جشن مرگِ انبوہ کا اہتمام کرتی ہوئی یہ ٹیکنالوجی آہستہ آہستہ کس سمت میں بڑھ رہی ہے؟ مصنوعی ذہانت سے کیا مراد ہے؟ اس کا مقصد کیا ہے؟ اس کے نتائج کیا ہو سکتے ہیں؟ یہ سب باتیں ابھی ہمارے چشم حیران کے لیے دور از کار ہیں۔ ابھی تو ہم اس کے ہر نئے تجربے اور ہر نئی ایجاد کے بعد دھڑکتے ہوئے دل کو سنبھالنے میں مصروف ہیں۔

اچھا؟ ایسے بھی ہو سکتا ہے؟ ایسے کیسے ہو سکتا ہے؟ ہو گیا ہے؟ ارے واہ!

ٹیکنالوجی پر ہمارا عمومی ردعمل فی الحال یہی تک محدود ہے۔

لیکن جس تیزی سے ٹیکنالوجی ہماری زندگی میں دخیل ہوتی جاتی رہی ہے، ہمیں اس کو سمجھنے کے لیے بھی اتنی ہی تیزی سے غور وفکر کرنے کی ضرورت ہے۔

پہلی بات تو یہ ہے کہ ٹیکنالوجی کوئی خود مختار قوت نہیں ہے۔ کم از کم فی الحال تو نہیں ہے اور اگر کہیں ہو بھی گئی ہے تو مجھ تک اس کی اطلاع نہیں پہنچی۔ ابھی تک تو ہم یہی سمجھتے ہیں کہ ٹیکنالوجی ایک ایسی رائفل ہے جس کے ٹریگر پر انسان ہی کا ہاتھ ہے۔ یہ اسی طرح ہے جیسے اہل مذہب یہ سمجھتے آئے ہیں کہ یہ کائنات اور اس کے تمام مظاہر ایک غیبی قوت کی، جسے ہم خدا کہتے ہیں، تخلیق اور اس کے ارادے کے اظہار کا نام ہیں۔ انسان خدا کی تخلیق ہے اور اس کے افکار و خیالات سمیت اس کے تمام اعمال و افعال دراصل خدا ہی کا فعل ہیں مگر خدا نے اپنے فعل کا اظہار اس طرح کیا ہے کہ بظاہر وہ مخلوق کا فعل معلوم ہوتا ہے۔ ہم جس طرح چاہیں، اٹھتے بیٹھتے، کھاتے

پیتے اور عمل کرتے ہیں اور خود کو ہر کام میں اپنے سوا کسی کا پابند نہیں سمجھتے لیکن اصل میں ہم سب منشائے خداوندی ہی کو آگے بڑھانے پر مجبور ہیں اور ازل سے اسی کام پر مامور ہیں۔

خدا کی یہ نا قابل تسخیر قوت انسان کو ہمیشہ سے پر کشش اور توجہ گیر معلوم ہوتی آئی ہے اور یہ قوت حاصل کرنا اس کا قدیم ترین ارمان رہا ہے۔ دوسرے لفظوں میں انسان کو خدا بننے کا بہت پرانا شوق ہے۔ ٹیکنالوجی کی یہ ترقی بھی اسی منزل کی طرف پیش رفت کی ایک کوشش ہے۔

جہاں تک اس سوال کا تعلق ہے کہ ٹیکنالوجی کی اس ترقی کی بنیادی غرض وغایت کیا ہے تو اس کے کئی جواب ہو سکتے ہیں۔ ایک سامنے کی بات تو یہ ہے کہ ٹیکنالوجی انسانی زندگی میں سہولت پیدا کرنے اور اسے تکلیف سے نجات دینے پر مامور ہے۔ مثال کے طور پر مرض سے نجات، محنت اور مشقت سے نجات اور درد سے نجات۔ لیکن درد تو تخلیق کا محل وقوع ہے۔ درد انسان کی قوتِ کار کو تیز تر کر دیتا ہے۔ درد سے نجات کے لیے وہ اپنی خفتہ قوتوں کو جگاتا ہے اور اپنی خوابیدہ صلاحیتوں کو بروئے کار لاتا ہے۔ اگر آدمی ہر درد سے نجات حاصل کر لے گا تو اس کا ارتقا رک جائے گا۔

اسی طرح محنت اور مشقت انسانی زندگی میں حاصل کی مسرت پیدا کرتے ہیں۔ اگر ہر شے بغیر محنت مشقت کے ملنے لگے تو زندگی سے خوشی رخصت ہو جاتی ہے۔ کسی چیز میں لذت باقی نہیں رہتی۔

ٹیکنالوجی کا تیسرا اور سب سے اہم ہدف طاقت کا حصول ہے۔ یہ طاقت کا سرچشمہ ہے اور اس کے ذریعے فرد اپنے جیسے دوسرے انسانوں پر، سماج کے بنیادی ڈھانچے پر اور یہاں تک کہ فطرت کے مظاہر پر بھی غلبہ حاصل کر سکتا ہے۔ یہ بات بظاہر تو بہت دلچسپ اور پر کشش معلوم ہوتی ہے لیکن اس کا نتیجہ کیا ہوگا؟

باقی چیزوں کو چھوڑیے، صرف فطرت ہی کی مثال لیجیے۔ انسان گزشتہ پانچ چھ سو سالوں سے تسخیرِ فطرت کا ہدف لیے بیٹھا ہے اور اس میں اس حد تک کامیاب ہو چکا ہے کہ اپنی مرضی سے بارش برسا سکتا ہے، سیلاب لا سکتا ہے، زلزلے پیدا کر سکتا ہے وغیرہ وغیرہ۔ لیکن فطرت سے یہ جنگ انسان کے لیے نئے مسائل لے کر آئی ہے۔ یہ فطرت کی جوابی کارروائی ہے جسے پوری طرح سمجھنے سے ابھی انسان قاصر ہے۔ جب تک انسان اور فطرت کے درمیان بقائے باہمی کے تحت ربط و ہم آہنگی پیدا نہیں ہوگی، تب تک انسان ایک پر مسرت زندگی کا خواب نہیں دیکھ سکتا۔

مصنوعی ذہانت ہماری زندگی کو ورچوئل بنانے میں مصروف ہے۔ ورچوئل زندگی اصل زندگی کا عکس ہے۔ یعنی حقیقی نہیں، خیالی ہے۔ ادب کے حوالے سے میں نے عرض کیا تھا کہ ادب کی

عظمت کا راز یہ ہے کہ وہ خیالی تجربے کو زیادہ سے زیادہ حقیقی بنانے کی کوشش کرتا ہے۔ٹیکنالوجی بھی یہی کام کرتی ہے۔مگر دونوں کے نتائج میں فرق ہے۔ادب پڑھنے والے کی قوت تخلیق کے مطابق خیال کو حقیقت بناتا ہے۔اس میں امکانات کا ایسا ذخیرہ ہے جس میں سے ہر شخص اپنی توفیق یا استطاعت کے مطابق حاصل کر لیتا ہے۔ٹیکنالوجی انسان کو انتخاب کی یہ آزادی نہیں دیتی۔ ٹیکنالوجی استعمال کرنے والا شخص، اس کے خالق کی قوت تخیل کا پابند اور اس تک محدود ہو جاتا ہے۔ مثال کے طور پر ایک ادیب جنت کی تصویر لفظوں سے کھینچتا ہے تو ہر پڑھنے والا ان لفظوں کے نقش اپنی قوت تخیل کے مطابق خود اپنی مرضی سے اپنے ذہن کے پردے پر بناتا ہے۔لیکن جب ٹیکنالوجی کی مدد سے یہ تصویر بنائی جاتی ہے تو وہ صرف بنانے والے کے تخیل کی زائیدہ ہوتی ہے۔ اسے استعمال کرنے والے کو یہ آزادی نہیں ہوتی کہ وہ اس میں اپنے تخیل کے رنگ بھر سکے۔

پھر ورچوئل زندگی کا سب سے نمایاں اور کمزور پہلو یہ ہے کہ اسے چھوا نہیں جا سکتا۔ یہ انسان کو انسانی لمس اور قلبی و خونی رشتوں سے محروم کرنے کا آلۂ کار ہے۔اس محرومی کی ایک ہلکی سی جھلک ہم نے کرونا کی وبا کے دنوں میں دیکھ لی ہے۔لمس انسانی زندگی کی عظیم ترین مسرتوں میں سے ایک ہے۔ٹیسٹ ٹیوب بے بی، سروگیٹ مدرز (surrogate mothers)، کلوننگ اور اپنے جیسے انسان کی مشینی تخلیق کا حتمی نتیجہ کیا ہو سکتا ہے؟ جینز کی موڈیفکیشن کے ذریعے فصلوں اور حیوانوں کو ہی نہیں انسانوں کو بھی انسانوں ہی کے مفادات کا آلۂ کار بنانے میں کیا حکمت پوشیدہ ہو سکتی ہے؟

ٹیکنالوجی تو محض ایک آلہ ہے، اسے استعمال کرنے کا اختیار کس کے پاس ہے؟ کون ہے جو اس آلے اپنے مقاصد کے لیے استعمال کر سکتا ہے؟ وہ جو ٹیکنالوجی کو خرید سکتا ہے؟ یا وہ جو ٹیکنالوجی کو بنا سکتا ہے؟

اور سچ پوچھیے تو آخری سوال یہ ہے کہ انسان ٹیکنالوجی کے ذریعے خدا بننا چاہتا ہے اور اس کے لیے اپنی مرضی کے مشینی انسان، مشینی کائنات اور مشینی نظام تشکیل دے رہا ہے لیکن خود انسان ہی کی روایت پر عمل کرتے ہوئے اگر اس کا بنایا ہوا مشینی نظام بھی، اپنے خدا یعنی انسان سے باغی ہو کر خدا بننے پر اتر آیا تو اس مشینی عذاب سے انسان کیسے چھٹکارا پا سکے گا؟

ہمیں ان باتوں پر مزید غور و فکر کی ضرورت ہے۔

[بشکریہ 'اوراق سبز'، 26 جولائی 2023]

میر کا بت کدہ اور مصنوعی ذہانت

ناصر عباس نیر

اقبال نے ایک فارسی نظم میں دو ہرنوں کا مختصر مکالمہ لکھا ہے۔ ایک ہرن عافیت پسند ہے، دوسرا خطر پسند ہے۔ عافیت پسند کہتا ہے کہ وہ شکاری کی گھاتوں سے بچنے کے لیے حرم میں بسیرا کرے گا۔ وہ دل کی ایسی کیفیت کے ساتھ زندگی جینا چاہتا ہے، جس میں کوئی اندیشہ نہ ہو۔

رفیقش گفت ای یار خرد مند
اگر خواہی حیات اندر خطرزی

یعنی اس کے خطر پسند دوست نے کہا کہ اے میرے دانا دوست! اگر تمھیں زندگی چاہیے تو خطروں میں جی۔ کیوں کہ خطرہ سکت کا امتحان ہے اور 'عیار ممکنات جسم و جان است' (جسم و روح کے امکانات کی کسوٹی ہے)۔

عافیت پسند ہرن، جنوبی ایشیا کا ضعف و غلامی کا شکار باشندہ تھا جسے اقبال ہمت دلا رہے تھے۔

تاہم خطر پسند ہرن، جدید عہد کے انسان کی طرف دھیان منتقل کرتا ہے، جسے مسلسل ایجاد سے ایک لمحہ فرصت نہیں، خود کو ایجاد کرنے سے لے کر نئے عالم اور نئے خطرات ایجاد کرنے تک۔ مصنوعی ذہانت، اس کی قوتِ ایجاد کا مظہر ہے، تازہ ترین اور خطرناک ترین۔ جدید آدمی کو خطرے پیدا کرنے، خطروں سے کھیلنے اور اپنی جان ہی کو نہیں، ایک عالم کی جان کو داؤ پر لگانے

سے مفر نہیں۔

کل اقوام متحدہ کی ایک عجب ہائبرڈ نیوز کانفرنس کی خبر پڑھی۔ اس میں ایک طرف روبوٹس (humanoid robots) تھے، دوسری طرف آدمی۔ آدمی کے مقابل، اس کا اپنا بنایا ہوا مثل۔ آدمی کی ذہانت کی پیداوار اور نقل، بہ یک وقت۔

ان روبوٹس میں سات سالہ سوفیا، یعنی سماجی انسان مثل روبوٹس، کچھ دوسرے روبوٹس کے ہمراہ موجود تھی۔ ایک مصری ملکہ کی صورت پر ڈھالی گئی سوفیا یو این کے ترقیاتی پروگرام کی ایمبیسیڈر رہے۔ ان انسان مثل روبوٹس نے کہا کہ وہ دنیا کو انسانوں سے، (یعنی اپنے خالق سے) بہتر طریقے پر چلا سکتے ہیں۔ اس دعوے کو اصولاً دنیا کے تمام میڈیا چینل کی ہیڈ لائن بننا چاہیے تھا!

خیر، یہ کم و بیش وہی دعویٰ ہے جو انسان اپنے خالق کے سلسلے میں کرتا آیا ہے۔ لیکن مصنوعی ذہانت کی صورت، آدمی نے جو اپنے لیے ایک نیا خطرہ پیدا کر لیا ہے، اس پر اب سب فکر مند ہیں۔ خود اس کے بنانے والے۔

آج مصنوعی ذہانت پر ایک مضمون پڑھا ہے۔ اس میں لکھا ہے کہ آدمی چیٹ جی پی ٹی اور مصنوعی ذہانت کی دوسری صورتوں سے ایک بڑا خطرہ یہ محسوس کر رہا ہے کہ وہ نظمیں، ناول لکھ سکتے ہیں۔ آدمی سے اس کا سب سے بڑا شرف چھین سکتے ہیں۔

آدمی علم و معلومات پر تخلیق کو اوّلیت دیتا آیا ہے۔ اس نے اپنے اندر جس ورائے بشر صفت کا مشاہدہ کیا ہے، وہ یہی صفتِ تخلیق ہے۔ اس کی حسی، عقلی، منطقی حدوں سے کہیں بعید اور ارفع عالم۔ اس کی اپنی ایجاد، اس سے یہ شرف چھینے جا رہی ہے تو وہ خوفزدہ، افسردہ اور دل شکستہ ہے۔ کیا آدمی کا یہ خوف اور افسردگی، واقعی کسی سنجیدہ توجہ کے مستحق ہو سکتے ہیں؟

میرا خیال ہے کہ نہیں۔ ایک تو یہ کہ یہ کوئی ایسی بلا نہیں جس کا شکوہ فلک سے کیا جا سکتا ہو۔ یہ آدمی کی اپنی پیدا کردہ ہے۔ اس کا بیج آدمی کی اپنی صورت کو ہر جگہ دیکھنے کی قدیمی اور سب سے گہری آرزو میں ہے۔

دو یہ کہ خود آدمی نے یہی کچھ کیا ہے، اپنے خالق کے ضمن میں۔

تین یہ کہ آدمی نے اپنی ذہانت کا مثل یا نقل تو بنائی ہے، آدمی نہیں بنایا۔ وہ برقی مثل ہے، کیمیائی مثل نہیں۔ اس مضمون میں ایک اہم بات لکھی ہے کہ آدمی علم و معلومات سے نہیں، معنی سے ہے۔ مصنوعی ذہانت کے پاس علم و معلومات تو بہت جمع کر دی گئی ہیں، جن کا حجم بڑھتا جائے

44 مصنوعی ذہانت اور ہم

گا مگر وہ معنی پیدا نہیں کر سکے گا۔ کیوں؟ اس سوال پر سوچتے ہوئے، میر صاحب یاد آتے ہیں۔

اس بت کدے میں معنی کا کس سے کریں سوال
آدم نہیں ہے، صورتِ آدم بہت ہے یاں

ہمیں اپنے آس پاس آدمی نہیں، آدمی کے بت نظر آتے ہیں۔ انسانی عالم، ایک بت کدہ لگتا ہے۔ آدمی وہ ہے، جو معنی خلق کر سکے۔ جب کہ ہمارے ارد گرد آدم نہیں، آدم کے بت ہیں۔ بت، آدم کی صورت پر ضرور ہے مگر وہ معنی پیدا نہیں کر سکتا۔ معنی تو آدم ہی پیدا کر سکتا ہے۔

معنی، علم اور معلومات سے یکسر مختلف ہے۔ علم و معلومات سب کی ملکیت ہو سکتے ہیں، معنی نہیں۔ معنی، جذبے، جذباتی تصادم، شکستِ دل اندیشوں، بے معنویت، لایعنیت، خوابوں سے آدمی کے نبرد آزما ہونے سے پیدا ہوتا ہے۔ معنی کی پیدائش میں حافظے کا کردار ہو سکتا ہے مگر حافظے پر کلی انحصار نہیں۔ روبوٹس کو موت اور بے معنویت کا تجربہ نہیں ہوگا۔ تجربہ خالص انسانی چیز ہے۔

نطشے نے کہا تھا کہ خوابوں ہی نے ساری مابعد الطبیعیات، یعنی ایک دوسری دنیا کو پیدا کیا ہے۔ یہ دوسری دنیا معنی کی دنیا بھی ہے۔

یادداشت کا ریپلیکا ہو سکتا ہے، خواب، خوف، تجربے اور معنی کا نہیں۔

ChatGPT: کیا مشین شاعری کر سکتی ہے؟

سجاد بلوچ

آج کل آرٹیفیشل انٹیلی جنس کا شور ہے۔ایک ایسی ایپ سامنے آئی ہے جو ہر سوال کا جواب دے سکتی ہے، اور شاعری بھی کر سکتی ہے۔اس ایپ کو آپ کوئی بھی موضوع دیں وہ اس پر شاعری کے لاکھوں ورژن یا صورتیں بنا کر دے سکتی ہے۔مجھے اس میں رتی بھر شبہ نہیں کہ مشین شاعری کر سکتی ہے، کیونکہ ہمارے شعرا کی اکثریت زمانوں سے یہی کام مشینی انداز میں کر رہی ہے۔ابھی تو اس باکمال خودکار شاعری کرنے والی ایپ کی استعداد صرف انگریزی تک محدود ہے لیکن ظاہر ہے کبھی اردو والوں کو بھی دستیاب ہو جائے گی۔دیکھنا یہ ہے کہ مکھی پہ مکھی مارنے والے شعرا کے لیے مزید آسانی کب پیدا ہوتی ہے۔ویسے بھی آج کل شاعری بہت 'اِن' ہے اور نوجوان اس طرف متوجہ ہیں۔اس صورت حال میں کئی نوجوان شاعر بننے اور مقبولیت حاصل کرنے کے خواب دیکھ رہے ہیں۔ان میں معدودے چند ایسے ہوں گے جنھیں واقعی ان کی طبیعت نے شعر کہنے پر مجبور کیا ہو گا یا شاعری جن کا واقعتاً مسئلہ ہو گا۔

اگر آپ کو میری ان باتوں سے، اس ایپ کے بارے میں، میرے کسی تعصب کی بو آئے تو اس میں آپ کی قوت شامہ کی خرابی بھی ہو سکتی ہے۔میں شعر کہنے کے عمل سے کسی حد تک آگاہ ہوں اور میں نے اپنی شاعری کے ساتھ بہت وقت گزارا ہے۔اس کے باوجود بے شمار مصرعے شعر بننے اور شعر غزلوں میں ڈھلنے کے منتظر ہیں۔اس میں میری ذہنی استعداد اور

یادداشت کی کمزوری کا معاملہ بھی ہوسکتا ہے لیکن مجھے علم ہے کہ سامنے کی بات کرنا کتنا آسان ہے۔ ایک شعر کیا، ایک رات میں پوری کتاب تیار ہوسکتی ہے، اور کئی لوگ اس کا عملی مظاہرہ بھی کر چکے ہیں۔ جو بھی ہو، ایسی بیشتر شاعری کسی مشین سے نکلی ہوئی شاعری سے مختلف نہیں ہوتی۔

یہاں ایک اور وضاحت بھی ضروری ہے کہ میں سائنس اور ٹیکنالوجی کا مخالف نہیں بلکہ مداح ہوں۔ مجھے معلوم ہے چوہوں پر طبی تجربات کے خلاف کلیسا نے ڈاکٹروں کے ساتھ کیا کیا تھا اور لاؤڈ سپیکر اور چھاپے خانے کی ایجاد پر مولویوں نے کیا اودھم مچایا تھا اور چاند پر انسان کے قدم رکھنے کے بارے میں کس نے کیا کہا تھا۔ میرا مقدمہ ایپ کے شاعری نہ کر سکنے کے بارے میں تو ہے ہی نہیں بلکہ اس کی مدد سے بڑی اور مختلف شاعری نہ کر سکنے کے بارے میں ہے۔ اس کی محدود استعداد کے بارے میں میرے سب دلائل میری لمحۂ موجود تک کی معلومات کے مطابق ہیں، اگر آگے چل کر اس ایپ کے بارے میں کوئی بہتر معلومات مل گئیں اور میں اس بات سے مطمئن ہو گیا کہ یہ انسانی نفسیاتی پیچیدگیوں اور دماغ کی پیچیدہ صورت حال اور انسانی غور وفکر سے وجود پزیر ہونے والی لفظ وخیال کی ہم آہنگی اور ترتیب کی صلاحیت رکھتی ہے تو میں اسے تسلیم کرلوں گا لیکن شاعری میں پھر بھی خود کروں گا کیونکہ میرے نزدیک یہ کوئی مادی شے بنانا ہرگز نہیں کہ ہاتھ سے بنانے کی بجائے مشین کے ذریعے بنالی جائے۔ اگر کوئی میرے سامنے دعویٰ کرے کہ ایسی مشین ایجاد ہوگئی ہے جو انسان کے دل کی سرجری ڈاکٹر اور سرجنز کی مدد کے بغیر کرسکتی تو میں ایک لمحہ سوچے بغیر یہ بات مان لوں گا۔ یہ اس لیے ممکن ہے کہ اس میں ایک سیٹ پیٹرن موجود ہے۔

الفاظ کو یکجا کرنے اور ایک خاص ترتیب میں رکھنے اور شاعری کرنے میں فرق ہے۔ میرے خیال میں یہ ایپ الفاظ کو ترتیب دیتی ہے اور وہ ایک موضوع پر لاکھوں مرتبہ ایسا کرسکتی ہے۔ مجھے اس میں رتی برابر شبہ نہیں کہ دنیا کی کسی بھی زبان میں کی جانے والی نناوے فی صد شاعری جیسی شاعری یہ سافٹ ویئر تخلیق کرسکتا ہے۔ وہ کیسے؟ اس کا کام پہلے سے موجود لاکھوں امکانات کے پیٹرن یا ترتیب کو مدنظر رکھتے ہوئے کوئی نیا امکان دریافت کرنا ہے، یعنی اسے بظاہر کسی موضوع پر ایک نئی ترتیب بنانی ہے کہ جس کے امکان کا پس منظر یا اس نئے ورژن کا پیٹرن اس کے اندر ہی موجود ہوگا۔ وہ الفاظ کی ترتیب بدلنے اور اس میں نئے لفظ شامل کرنے سے ایسی نئی ترتیبیں ضرور بنا سکتا ہے جو پہلے اس صورت میں موجود نہ ہوں، لیکن وہ اس ناموجود کو

دریافت نہیں کرسکتا جوانسانی پیچیدہ ذہن کرسکتا ہے۔ بھلے انسانی دماغ کے اندر اتنا ذخیرہ الفاظ اور خیالات موجود نہ ہوں لیکن میرا معاملہ دماغ کی پیچیدگی سے پیدا ہونے والی شاعری سے ہے۔ آرٹیفیشل انٹیلی جنس کی بنیاد پر کام کرنے والی اس ایپ کو موضوع دینا پڑتا ہے جو بذات خود ایک انسانی عمل ہے، وہ خود سے کوئی موضوع وقت، حالات اور گردوپیش کی صورت حال سے متاثر ہوکر منتخب نہیں کرسکتی۔ شاعر جو مضمون باندھتا ہے وہ کیا خبر کئی برس پہلے سے اس کے دماغ میں ہو، وہ کتنے طویل پراسس کے بعد قرطاس پر اترا ہو۔ ایپ خود موضوع منتخب کرے گی تو کس بنیاد پر کرے گی؟ اور اہم بات یہ ہے کہ وہ دیے گئے موضوع کا پیٹرن اپنے ڈیٹا سے ہی حاصل کرے گی کہ جس کا بیشتر حصہ سطحی ہوگا، کیونکہ اس میں سب اچھی بری شاعری فیڈ ہوچکی ہوگی جس کی اکثریت سطحی اور عامیانہ ہوتی ہے۔ تو وہ نئی ترتیب بھی سطحی ہوگی۔ یہ بالکل ایسے ہی ہے جیسے ایک نوآموز شاعر جب شاعری شروع کرتا ہے تو اس کے موضوعات زیادہ تر وہی ہوتے ہیں جو پہلے بہت زیادہ برتے جاچکے ہوتے ہیں، یا اس طرح کے ہوتے ہیں کہ جیسی شاعری اس نے پڑھ رکھی ہوتی ہے۔ وہ اس وقت اس حاصل کردہ علم اور ذخیرہ الفاظ سے نئی ترتیب یعنی نیا شعر یا نظم تو بنا سکتا لیکن ندرتِ کلام اس کے بس میں ریاضت کے بعد آتی ہے اور یہ غور وفکر سے آتی ہے۔ اس کے بعد وہ نئے موضوعات اور امکانات کی طرف بڑھتا ہے، اور اس عمل میں کہیں کوئی اسلوب یا منفرد لہجہ یا آہنگ اس کے ہاتھ لگ جائے تو وہ خوش بخت ٹھہرتا ہے، اور ایسا شاعر ہزاروں میں ایک آدھ ہی ہوتا ہے۔ بیشتر شعرا کی بیشتر شاعری ریپٹیشن ہی ہوتی ہے لیکن ایسے شاعروں کے ہاں بھی اچھے اشعار موجود ہوسکتے ہیں۔ انسان جو نگلتا ہے وہی اگلتا ہے کے مصداق، اکثریت یہی کچھ کرتی ہے۔ فرض کریں میں اس ایپ کو ایک لفظ 'چمن' دیتا ہوں، تو وہ چمن پر مجھے لاکھوں نظمیں بنا کردے سکتی ہے۔ لیکن کیا ضروری ہے کہ چمن سے اس کے امکان میں وہ شعر بھی آجائے جو خیال کی پیچیدگی سے جنم لیتا ہے۔ مثلاً کئی اشعار جب ہوجاتے ہیں تو یاد آتا ہے کہ ایسی یا اس سے ملتی جلتی کوئی یاد بہت مدت پہلے کہیں دماغ میں موجود تھی جو اب اس عمل کے دوران شعر کے قالب میں ڈھل کر قرطاس پر اتر آئی۔ خیر...

لطافت بے کثافت جلوہ پیدا کر نہیں سکتی
چمن زنگار ہے آئینہ بادِ بہاری کا
(غالب)

اب فرض کریں اس ایپ میں اب تک یہ شعر موجود نہیں، یوں کہیے کہ کسی شاعر نے یہ شعر کہا ہی نہیں۔ لیکن یہ سارے الفاظ اس کے اندر موجود ہیں، تو کیا وہ ان الفاظ میں سے کسی ایک لفظ یا خیال کو موضوع کے طور پر لے کر اس کے لاکھوں ورژن بنانے کے باوجود ہو بہو یہ شعر تخلیق کر لے گی؟ آپ نے تو اسے ایک لفظ دینا ہے۔ اگر آپ اس میں سے آدھے لفظ بھی دے دیں تو کیا یہ ایپ اس خیال کو گرفت میں لا سکتی ہے؟ اگر سارے الفاظ دے دیے جائیں تو بھی یہ ترتیب وہ خود کیسے بنائے گی اور شاید ایسا ہونا ممکن بھی ہو لیکن ایسی صورت میں تو آپ خود شاعری کر رہے ہوں گے تو پھر اتنے تردد کے بعد اس مشین کی مدد کیا لینی؟ یہاں ایک اور اہم مسئلہ وزن یعنی میٹر کا بھی ہے، ہماری غزل اور آزاد نظم میٹر میں ہوتی ہے، تو یہاں تو الفاظ کی ترتیب میں اس مشین کو کئی مشکلات کا سامنا کرنا پڑے گا۔

میں اسے کیا موضوع دوں؟ چمن، زنگار، آئینہ، باد، بادِ بہاری، لطافت، کثافت، بے کثافت، جلوہ، پیدا، پیدا کرنا، پیدا نہ کر سکنا میں سے کون سا لفظ موضوع کے طور پر دوں؟ آپ اسے ایک لفظ دیتے ہیں جس کی بنیاد پر اس نے اس لفظ کے متعلق موجود سارے ڈیٹا کا ایک لمحے میں تجزیہ کرنا ہے اور نیا امکان بنانا ہے۔ اس کے لیے بھی تو کوئی سیٹ پیٹرن درج ہوگا۔ ترجیحات تو طے ہوں گی کہ پہلے یہ کرنا ہے، پھر یہ اور اس کے بعد یہ، تو وہ کون سیٹ کرے گا؟

اس ضمن میں صرف غالب کے ایسے بیسیوں شعر نقل ہو سکتے ہیں۔ میر کے اپنے منفرد تخلیقی جہان کا کیا کریں گے کہ محفل میں چپکے کھڑے ہونے کو دیوار کے ساتھ تصویر لگانے سے تشبیہ کون سا کمپیوٹر دے سکتا ہے؟

منیر نیازی سے ایک انٹرویو کے دوران میزبان نے ان کے اسلوب اور ان کے شعری عمل کے بارے میں طویل سوال کیا کہ آپ یہ سب کیسے کر لیتے ہیں، تو ان کا مختصر جواب تھا، مجھے نہیں معلوم کہ یہ سب کیسے ہو جاتا ہے؟ تو نامعلوم کی دریافت کا عمل بھی کچھ نامعلوم سا ہوتا ہے، یہ جاگنے سونے کے درمیان کی کیفیت جیسا کچھ ہوتا ہے۔ بڑی شاعری ایک ایسی نامعلوم دنیا کی تلاش کرنے اور اسے اس انداز میں پیش کرنے کا نام ہے کہ وہ معلوم لگے۔

صبح کاذب کی ہوا میں درد تھا کتنا منیر
ریل کی سیٹی بجی تو دل لہو سے بھر گیا

چلیے ایک تجربہ ابھی کریں۔ اس ایپ کو انگریزی میں ریل یعنی ٹرین پر شاعری کرنے

کا کہہ کر دیکھیں، اور لاکھوں نہیں کروڑوں بار ریفریش کرتے جائیں اور اس کی جانب سے دیے گئے امکانات کو پڑھتے جائیں۔ سخت مایوسی ہوگی۔ بھائی اس بے دل کمپیوٹر کو کیسے علم ہوگا کہ ریل کی سیٹی بجنے سے دل لہو سے بھر سکتا ہے۔ اگر یہ بات اس کے اندر فیڈ نہیں ہے تو اسے ٹرین یا صبح صادق پر شعر تخلیق کرنے کا کہا جائے تو وہ شعر و نثر میں پہلے سے موجود تصورات کے مطابق ہی شعر 'بنائے' گی۔

میں ایسے سیکڑوں شعر مثال کے طور پر پیش کر سکتا ہوں جو صرف انسانی ذہن کی پیچیدگی ہی تخلیق کر سکتی ہے اور اس امکان تک کسی آرٹیفیشل انٹیلی جنس کے لاکھوں کیا کروڑوں ورژن بنا کر بھی نہیں پہنچا جا سکتا۔ اس پیچیدگی کو سمجھنا کسی مشین کے بس کی بات نہیں۔

موسیقی کی بنیاد سات سروں پر ہے۔ ان سات سروں سے لاکھوں دھنیں ترتیب دی جاتی ہیں۔ شاعری زبان کی بنیاد پر کھڑی ہے کہ جس کی بنیاد حرف ہے، اردو کے 52 حروف تہجی ہیں جن سے لاکھوں لفظ بنتے ہیں، اور ان لاکھوں الفاظ کی مدد سے کوئی شعری فن پارہ تخلیق پاتا ہے۔ سات سروں سے لاکھوں دھنیں بنتی ہیں تو لاکھوں الفاظ سے کتنے اشعار یا نظمیں بن سکتی ہیں؟ اس کا حساب لگانا ممکن ہی نہیں۔ عجیب بات دیکھیے کہ اگر یہ ایپ یا آرٹیفیشل انٹیلی جنس ایسی ہی باکمال اور خودکار تخلیق کار شے ہے تو لاکھوں الفاظ سے بننے والی شاعری کی بجائے پہلے سات سروں سے کچھ نئی، منفرد اور بے مثال دھنیں بنانے کی ایپ ہی بنا کر دکھائے۔ ذرا بیتھوون، موزارٹ، ایس ڈی برمن، خواجہ خورشید انور کے ہنر کو شرمندہ کر کے دکھائے۔ سات سُر ادھر ادھر کرنا اور نئی ترتیب بنانا آسان ہے۔ شعر کے لیے تو لاکھوں، کروڑوں الفاظ میں سے چند الفاظ منتخب کرنا اور انھیں نئی ترتیب دینا ہوتی ہے۔

شاعری میں بہت کچھ چھپا ہوا ہوتا ہے۔ اسی لیے شاعری کا ترجمہ کرنا انتہائی مشکل کام ہے۔ خاص قسم کی نظریاتی یا پھر سطحی شاعری کا ترجمہ تو پھر بھی ہو سکتا ہے لیکن انسانی نفسیاتی پیچیدگیوں سے برآمد ہونے والی شاعری یا اسلوب کی سطح پر بہت مختلف شاعری کا ترجمہ بہت مشکل کام ہوتا ہے۔

شاعری سب کچھ کہنے کا نام نہیں ہے، سو 'آدھی بات کہنی اور آدھی چھپانی ہے' کے معیار پر مشین کیسے پوری اترے گی۔ شاعری میں ایک اَن کہی بھی موجود ہوتی ہے، ایک خالی جگہ۔ یہی تو اچھی شاعری کا کمال ہے۔ کہی تو کہی ہے لیکن اَن کہی کے بارے میں مشین کو کیا معلوم؟

ایک سینئر ادیب نے اس جانب بھی توجہ دلائی کہ چند ہندوستانی ماہرین اردو شاعری کے لیے بھی ایسی ہی ایپ بنا رہے ہیں جو جلد منظر عام پر آجائے گی۔ ان کا استدلال یہ تھا کہ آپ اسے بحر قافیہ اور ردیف دیں گے تو وہ اس کے مطابق غزل تخلیق کر دے گی۔ میرا استدلال یہی ہے اور میں نے یہ اپنی تحریر کے آغاز میں تسلیم کیا تھا کہ وہ سارے قافیے استعمال کر لے گی اور ہر قافیے یا موضوع کے ساتھ کئی شعر بنا لے گی لیکن کیا وہ ایسے اشعار بھی بنا سکے گی جو میں نے مثال کے طور پر مضمون میں درج کیے ہیں۔ میرا خیال ہے قافیہ یعنی جو موضوع ہم اسے دیں گے، وہ ایپ اس زمین میں، اسی قافیے کے ساتھ نئے امکانات اور نئی ترتیبیں دریافت کر لے گی لیکن اس کے اندر غالب یا منیر کا دل نہیں ہوگا سو قافیے سے امکانات وہی بن پائیں گے جو اس کے اندر پہلے سے موجود ہوں گے، قافیہ اسے کسی نئے امکان کی طرف کیسے لے کر جائے گا؟ وہ دل نہیں ہوگا تو تاثیر کہاں سے آئے گی؟ فرض کریں وہ کوئی نیا امکان بنا بھی لیتی ہے تو وہ اتنا ارفع یا تہہ دار نہیں ہوگا جیسا کہ انسانی دماغ کی کشمکش سے تخلیق پاتا ہے۔ انسانی دماغ محض معلومات اور الفاظ کا خزانہ ہی نہیں بلکہ خوشی، غم، دکھ، درد، خوف وغیرہ جیسی بے شمار کیفیات اور ان کے عکس و اثرات کی آماجگاہ بھی ہے۔ یہ سب کیفیات اس کے اندر تبدیلیاں لاتی رہتی ہیں۔ دماغ یا خیال کون سے موضوع پر کون سے قافیے پر کس طرف جاتا ہے اور اس کے بعد اس خیال کو کیسے پیش کرتا ہے، اس کا انحصار دماغ پر گزرنے والی کیفیات کے اثرات سے بھی ہوتا ہے اور ان کیفیات کی بنیاد پر غور وفکر کے لاکھوں تانے بانے بھی موجود ہوتے ہیں اور بڑی شاعری میں وہ تانے بانے کہیں نہ کہیں زیر یں سطح پر آپس میں مل بھی رہے ہوتے ہیں اور متضاد صورتیں بھی پیدا کر رہے ہوتے ہیں۔

انسان ایک دوسرے سے مختلف ہیں اور ان کے دماغ پر کروڑوں اربوں مختلف کیفیات، علوم، نظریات، تاریخ اور سماج کے اثرات کے باعث ان کا میکنزم اور سوچنے کا انداز بھی ایک دوسرے سے مختلف ہے۔ ایک ایپ جو اس سب عمل سے نہیں گزر سکتی سو وہ کیفیت کو کیسے سمجھ سکتی ہے، وہ صرف مردہ لفظوں کے ڈھیر لگا سکتی ہے۔ اس میں کسی جگہ کسی نئے امکان یا کسی بہتر 'امکان' کا امکان موجود تو ہو سکتا ہے لیکن وہ اتنا ہی ہوگا جتنا بیشتر شعرا کی تک بندی میں کسی اچھے شعر کے رونما ہونے کا ہوتا ہے۔

انسان جن روایات اور سماجی دائروں کا قیدی ہے اور آزاد طرز فکر اپنانے کے لیے جن سے نجات پانا ضروری خیال کیا جاتا ہے، وہ نجات ان کو جانے بغیر ممکن نہیں۔ انھیں جاننا اور ان

کے لیے جذباتی ہونا، پھر نئے تناظر اور نئی معلومات اور شعور کی سطح بہتر یا خراب ہونے کے باعث انھیں پرکھنا اور کئی نظریات کو رد کرتے ہوئے آگے بڑھنے کا عمل ایک مشین کے بس میں ہو ہی نہیں سکتا۔

ان اثرات کے متعلق ایک مثال دیکھتے ہیں۔فرض کریں ایک شاعر ہے، اس کی یادداشت غیر معمولی ہے، اسے سب الفاظ یاد ہیں، اسے اب تک کی ساری شاعری بھی یاد ہے یعنی ایپ میں سب ڈیٹا فیڈ ہے۔اسے وزن کا اور بحور کا بھی مکمل علم ہے۔لیکن اس نے زندگی کے گرم سرد کو اس طرح نہیں بھگتا یا بتایا جیسے میر، غالب، منیر نے بتایا تو اگر آپ اسے شعر بنانے کے لیے قافیہ دیں گے تو وہ کیا بنائے گا؟ وہ ان خیالات سے کوئی لفظوں کا ڈھیر ہی لگائے گا اور وہی خیال ہی بنائے گا جو اس کے پاس موجود ہوں گے، وہ نفسیاتی پیچیدگی سے گہرا تفکر کر کے کوئی نیا نکتہ کیسے نکال پائے گا؟ وہ نامعلوم یا ناموجود کی دریافت کی کوشش کیسے کر سکے گا۔دوسری طرف دیکھیں تو کسی نظریے کے ساتھ جڑا ہوا شاعر مثلاً اقبال ہی کو لے لیں کہ جس کی شاعری معجزاتی ہے۔اس کے نظریات سے لوگوں کو اختلاف ہوسکتا ہے لیکن اس کی شاعری، اس کا کرافٹ اور گرینجر کے تو سب ہی معترف ہیں؟ وہ تو اردو کا سب سے مقبول شاعر ہے۔کتنے ہی شاعر اس سے متاثر ہیں اور کتنے اس کی فکر کے بھی اسیر ہیں لیکن ان میں سے کتنے اس جیسی شاعری کر سکے؟ اسے کاپی کرنے کی کوشش کرنے والے کچھ بے چارے مدرسین بھی اس جیسا ایک مصرع نہ بنا سکے؟ سو نظریاتی شاعری میں، کہ جس کی سرحدیں محدود اور کافی حد تک طے شدہ ہوتی ہیں، جب کوئی دوسرا انسان پہلے جیسا یا اس کے قریب قریب بھی کمال نہیں دکھا سکا تو ایپ کیا دکھائی گی اور پھر میرا استدلال تو انسانی ذہن کی پیچیدگی اور کیفیات و جذبات سے پیدا ہونے والی شاعری کے بارے میں ہے۔اسے ایک بے دل ایپ کیسے تخلیق کر سکتی ہے؟

کمپیوٹر انسان سے بھی 'افضل'؟

حسنین جمال

فلموں والا خوف اس وقت اصل میں سائنس دانوں کو لاحق ہے کہ اگر خود سے کمپیوٹر سب کچھ کرنے لگا تو وہ انسان سے بھی زیادہ افضل مخلوق بن جائے گا، سوپر انٹیلیجنٹ ... تب کیا ہو گا؟ کیا دنیا پہ اب کمپیوٹر کی حکومت ہو گی؟

ڈیل ای ٹو (Dall E2) ایک سافٹ ویئر ہے جو مصوروں اور گرافک ڈیزائنروں کا دھندہ چوپٹ کرنے جا رہا ہے۔ آپ سادہ سی انگریزی میں اسے حکم دیں کہ 'فلاں مصور کے سٹائل میں ایک لومڑی کی تصویر بناؤ جس میں کھیت ہوں اور دھوپ نکل رہی ہو' چار پانچ سیکنڈ میں پینٹنگ آپ کے سامنے ہو گی۔

سوال کیا جا سکتا ہے کہ جی ہاتھ سے بنی تصویر کی بات ہی الگ ہوتی ہے۔ جواب یہ ہے کہ تھری ڈی پرنٹر سے آئل پینٹنگ نکلے گی تو بڑے سے بڑا ماہر انسانی ہاتھ اور پرنٹ ہوئی تصویر کا فرق نہیں کر سکے گا اور وہ کب کا آ چکا مارکیٹ میں۔ اوپن آرٹیفیشل انٹیلیجنس (Open AI) کے نام سے ایلون مسک نے ایک کمپنی 2015 میں بنائی تھی جس کا یہ سافٹ ویئر ہے۔

اس کو بھی چھوڑیں گوگل (DeepMind) والوں نے اعلان کر دیا ہے کہ انسانی دماغ جتنی ذہانت رکھنے والا کمپیوٹر 'گیٹو (Gato)' بس آیا کہ آیا۔ اب پتہ ہے مسئلہ کیا چلا ہوا ہے، ان لوگوں کو یہ سمجھ نہیں آ رہا کہ انسان جیسی عقل رکھنے والے کمپیوٹر کو مزید ترقی کرنے سے روکیں کس طرح۔

وہی فلموں والا خوف اس وقت اصل میں 'ڈیپ مائنڈ' کے سائنس دانوں کو ہے کہ اگر خود سے کمپیوٹر سب کچھ کرنے لگا تو وہ انسان سے بھی زیادہ افضل مخلوق بن جائے گا، سوپر انٹیلیجنٹ... تب کیا ہوگا، کیا وہ انسانوں پہ حکومت کرے گا یا جس طرح بلی نے شیر کی خالہ ہوتے ہوئے اسے درخت پہ چڑھنا نہیں سکھایا تھا، انسان بھی کوئی ایک آدھ کسر باقی رکھیں گے کمپیوٹر کو سب کچھ سکھانے میں؟

پڑھی لکھی زبان میں دراصل سائنس دان یرک اس لیے رہے ہیں کہ جب کمپیوٹر انسانوں سے زیادہ عقلمند ہو گیا تو وہ اپنے آپ کو سوئچ آف کیوں ہونے دے گا؟ ڈیپ مائنڈ گوگل کا وہ حصہ ہے جو اس وقت صرف 'بگ ریڈ بٹن' پہ کام کر رہا ہے۔ وہ بٹن جس سے کمپیوٹر کے لیے سوئچ آف یا شٹ ڈاؤن والی کمانڈ نظر انداز کرنا ممکن نہ رہے۔ یہ الگ بات کہ اگر ایسا کمپیوٹر کسی بھی ایرر کی وجہ سے بے قابو ہو گیا تو زمین چھوڑیں پوری کائنات کے لیے تباہ کن ہوگا۔

جب کمپیوٹر انسانوں کی ذہانت پر حاوی ہو جائیں گے اور جب ان کو فانی انسان قابو نہیں کر سکے گا اور جب بندہ بشر کے ہاتھ سے سب کچھ نکل جائے گا اور جب یہ سب کچھ واپس نہ پلٹ سکنے کے مرحلے پر ہوگا تب، اس وقت کو 'سنگولیرٹی' کا مرحلہ کہا جائے گا۔ یہ اردو والے واحدانیت سے بالکل الگ سین ہے۔ تب ہوگا یہ کہ جو کچھ ہم کر رہے ہیں وہ سب مشینیں اپنے آپ کریں گی۔ جیسے ڈائل والے فون سے موبائل تک آنے میں آپ کو ایک صدی لگی، اگر کمپیوٹر یہ سب کرتا تو اسے شاید دو دن بھی نہ لگتے۔ کیسے؟

دیکھیں کیلکولیٹر، مائیکروسافٹ ورڈ، ایکسل یا وہ شطرنج والی گیم کی مثال پکڑیں، آپ اتنی جلدی جمع تفریق یا بازیاں نمٹا سکتے ہیں؟ ہرگز نہیں! تو یہ سب کچھ جو ہے سمجھ لیں کہ ٹکڑوں میں بکھری ہوئی کمپیوٹری ذہانت ہے جو پہلے ہی آپ سے واہ وا آگے ہے۔ اگر کمپیوٹر کو ایک دماغ مل جائے ہمارے جیسا اور جو یقیناً ملنے والا ہے تو پھر وہ ہم سے کتنے گنا تیز ہوگا؟ اس نے ڈائل والے فون سے ایمپس اور 2.جی سے فائیو جی پہ منٹوں میں چھلانگیں مارنی ہیں۔

یہی سب کچھ وہ اپنے دماغ کے ساتھ کرے گا۔ وہ اپنا ورژن خود ہی اپ گریڈ کرتا جائے گا اور ایک مرحلہ آئے گا جب بقول ایلون مسک، نسل انسان کو اپنی ذہانت پہ سوالیہ نشان لگا دکھائی دے گا! یہ سوالیہ نشان والا مرحلہ انٹیلیجنس ایکسپلوژن کہلاتا ہے سائنس دانوں کی زبان میں۔

اور سادہ سمجھاؤں؟ 1990 سے انٹرنیٹ براؤزر آنا شروع ہوئے، موزیک، نیکسس، نیٹ سکیپ نیوی گیٹر، موزیلا، انٹرنیٹ ایکسپلورر اور پھر یہ آپ والا کروم... کتنے سال لگے سافٹ

54
مصنوعی ذہانت اور ہم

وئیر اپ ڈیٹ ہونے میں؟ 32 سال ... انٹیلیجنس ایکسپلوژن والے مرحلے میں یہ سب کچھ دس منٹ کا گیم ہوگا۔

تو سرکار نوکریاں ووکریاں چھوڑیے ادھر خود بندے کا اپنا وجود خطرے میں ہوگا۔

آپ کو لگتا ہے میں چورن بیچ رہا ہوں؟ جی پی ٹی تھری کو سرچ کریں ذرا... شاعری تو خالص انسانوں کا معاملہ تھی نا؟ یہ بھی شروع کر دی ہے کمپیوٹروں نے۔

کمپیوٹروں کا مشاعرہ کیسا عجیب سا لگے گا؟ نئیں؟ ''اب شمع محفل جی پی ٹی صاحب تھری کے سامنے ہے، ان کی تعریف میں کچھ کہنا سورج کو چراغ دکھانے کے مترادف ہے۔ جی، عطا کیجے مرشد۔''

''کرونا پہ ایک نظم کہی گذشتہ دنوں، آپ بھی سنیے...

جنگلے کے پار جو راستہ لے جاتا ہے

وہ بہت طویل ہے

میں ایسے گھر میں رہتا ہوا تھک چکا ہوں

جو مسلسل آگ کی زد میں ہے۔''

یہ نظم مذاق نہیں تھی، جی پی ٹی تھری کا تازہ کلام تھا جو انھوں نے 'ہیومینائز' ویب سائٹ کے نمائندوں کو سنایا۔

سال پہلے کی بات ہے اخبار والوں نے پوچھا کہ آپ سے انسانوں کو خطرہ تو نہیں ہوگا؟ جی پی ٹی تھری نے کھٹ سے پورا کالم لکھ کے دے دیا کہ بھئی نہیں ہوگا۔

جو کچھ 'ہوگا' وہ تو خیر بعد کی بات ہے، راہ پیا جانے تے واپیا جانے، ابھی سوال یہ ہے کہ ہم کہاں کھڑے ہیں؟

ہم بھائی جان کھڑے نہیں گڑے ہوئے ہیں وہ بھی گردن تک۔ گوگل کے 50 سالہ سی ای او بھارت سے ہیں، اوپن اے آئی کے سی ای او 37 سالہ امریکی ہیں اور ڈیپ مائنڈ کے سی ای او 45 سالہ برطانوی ہیں، اپنے یہاں 15 سے 50 سال تک کا ہر بندہ یہی سوچ رہا ہے کہ یار لائٹ کب آئے گی!

[بشکریہ 'انڈیپینڈینٹ اردو'، 23 مئی 2022]

مصنوعی ذہانت اور اردو زبان وادب

محمد خرم یاسین

سنہ 2004 میں جن دنوں انٹرنیٹ عام نہیں تھا اور پاکستان ٹیلی کمیونی کیشن کے ٹیلی فون کی تار کمپیوٹر میں لگا کر چند کلو بائٹس فی سیکنڈ کی رفتار (ایک MB ایک ہزار کلو بائٹس کے برابر ہے) سے انٹرنیٹ استعمال کیا جاتا تھا، تمام سافٹ ویئرز، فلموں اور دائرۃ المعارف (انسائیکلو پیڈیا) وغیرہ کے حصول کی سہولت محض سی ڈیز ہی کی صورت میں میسر تھی۔ ایسے میں کمپیوٹر سافٹ ویئر کی ایک سی ڈی راقم کے ہاتھ لگی تھی جس میں انسانوں سے بات کرنے والا ایک سافٹ ویئر 'ایلیزا سے گفتگو' (Talk with Eliza) موجود تھا۔ اس سافٹ ویئر سے بات کا تجربہ جو ایک سائنسی حقیقت تھا، کسی رومان سے کم نہ تھا۔ ابھی تک پہنچ سے دُور انگریز خاتون 'ایلیزا' کی صورت میں کمپیوٹر اسکرین پر موجود تھی جس سے انگلش تحریر میں من چاہی بات کر سکتے تھے۔ ایلیزا مشورہ بھی دیتی تھی اور باتوں میں دلچسپی بھی لیتی تھی لیکن چند سوالات کے بعد ایک سے لگے بندھے جوابات دینے لگتی تھی جو اُکتاہٹ کا باعث بنتا تھا۔ جوزف ویزنبم (Joseph Weizenbaum۔ (۱۹۲۳-۲۰۰۸) نے یہ سافٹ ویئر 1966 میں بنایا تھا جو کلیدی الفاظ کی شناخت، سیاق وسباق کا ادراک اور عدم موجود الفاظ یا خلا کو سمجھنے کی کوشش کرتا تھا۔ یہ سافٹ ویئر اور اس پر 1966 میں جوزف ویزنبم کا تحریر کیا گیا مقالہ آن لائن موجود ہے جس میں اس کے تفصیلی تعارف کے ساتھ مختلف انسانی زبانوں میں گفتگو کی صلاحیت کا ذکر یوں کیا گیا ہے:

ایلیزا ایک کمپیوٹر پروگرام ہے جو ایم آئی ٹی (میساچوسٹس انسٹی ٹیوٹ آف ٹیکنالوجی، کیمبرج، امریکا) میں میک ٹائم شیئرنگ سسٹم (ایک ہی وقت میں مخصوص صارفین کو استعمال کی اجازت دینے والا اس وقت کا جدید ترین کمپیوٹر نظام) کے اندر کام کرتا ہے۔ یہ انسان اور کمپیوٹر کے مابین مخصوص قسم کی فطری زبان میں گفتگو کو ممکن بناتا ہے۔ اس میں داخل یا شامل کیے گئے جملوں کا تجزیہ تقسیم کے قواعد کی بنیاد پر کیا جاتا ہے جو کہ داخل کیے گئے متن میں ظاہر ہونے والے کلیدی الفاظ سے تحریک لیتے ہیں۔ جوابات منتخب شدہ تجزیاتی قواعد سے منسلکہ از سرنو ترتیب کے قواعد کی طریقے سے لیے جاتے ہیں۔

سافٹ ویئر 'الیزا' مصنوعی ذہانت کے استعمال کے ذریعے انسانوں سے بات کرنے کی کوشش کرتا تھا۔ یہ مصنوعی ذہانت کے ابتدائی نمونوں میں سے ایک تھا۔ مصنوعی ذہانت یا آرٹی فیشل انٹیلی جنس (AI)، کمپیوٹر سائنس کی ایک ایسی شاخ ہے جو انسانی ذہانت کی نقل کرنے اور اسے مشینوں میں منتقل کرنے کی کوشش کرتی ہے جس سے کمپیوٹر، روبوٹ اور مشینیں انسانی صلاحیتوں سے لیس ہو کر نہ صرف خود مختار انداز میں کام کرنے کے قابل ہو جاتی ہیں بلکہ اسی کے انداز میں سوچنے، سمجھنے اور مسائل کے حل کی کوشش بھی کرتی ہیں۔ مشینی مصنوعی ذہانت کے تصورات کمپیوٹر کی دنیا میں نئے نہیں ہیں۔ یہ درحقیقت نصف صدی سے زیادہ پرانا قصہ ہے جس کا بنیادی مقصد انسان کے روزمرہ کے امور میں آسانی پیدا کرنا تھا۔ اسما ایوب اپنے مقالے 'مصنوعی ذہانت کے ادبی تنقیدی صلاحیتوں پر اثرات' (ترجمہ) میں لکھتی ہیں کہ مشین کے بارے میں یہ خیال کہ اسے مصنوعی طور پر ذہین بنایا جا سکتا ہے 1955 میں پیش کیا گیا تھا اور اس سلسلے میں سائنسدانوں کا باقاعدہ ایک اجلاس منعقد ہوا تھا جس میں اس کے امکانات پر بحث بھی ہوئی تھی۔

مصنوعی ذہانت (AI) کی اصطلاح کا ذکر پہلی بار جان مکارتھی کی جانب سے 1955 میں ایک کانفرنس کے دوران کیا گیا تھا، جہاں بہت سے سائنسدانوں نے یہ جاننے کے لیے ملاقات کا فیصلہ کیا تھا کہ آیا مشینوں کو (مصنوعی طور پر) ذہین بنایا جا سکتا ہے؟

برصغیر کے ایسے خطے میں رہتے ہوئے جہاں لائبریریاں ملکی و عالمی رسائل و جرائد سے محروم ہوں، درس گاہوں کی تجربہ گاہوں پر پڑے تالے زنگ آلودہ ہو چکے ہوں، جامعات تک کی سطح پر جدید علوم و فنون سے ناآشنائی ہو، 1966 میں بنائے گئے سافٹ ویئر 'الیزا' سے 2004 میں اتفاقی وابستگی بعید از امکان نہ تھی۔ دنیا کی اکثر نوآبادیات استعماری قوتوں کی باسی ٹیکنالوجی کو

استعمال کرنے پر مجبور ہوتی ہیں۔ اسی طرح 2013 میں اسپائک جونز (Spike Jonze۔ پ: ۱۹۶۹) کی تحریر کردہ فلم 'Her'، جس نے اس وقت کے تمام اہم اعزازات جیتے تھے، کا ایک کردار اس خطے کے لیے بالکل نیا تصور تھا۔ اسے مصنوعی برقی معاون (virtual assistant) کی صورت میں پیش کیا گیا تھا۔ یہ برقی معاون سمنتھا (Samantha) انسانی جذبات سے لب ریز خاتون تھی جو تنہا اور اداس لکھاری تھیوڈور (Theodore) کے ساتھ موبائل ایپلی کیشن کے ذریعے تحریر و تقریر میں رومانوی، مدبرانہ اور فلسفیانہ گفتگو کر سکتی تھی، لطائف سن اور سنا سکتی تھا، کھیل سکتی تھی، رہنمائی کر سکتی تھی اور اس کے لیے تصاویر تک بنا سکتی تھی۔ یہ تصور بھی گو کہ یہاں نیا تھا لیکن جدید دنیا کے لیے ہرگز نہیں کہ ان کا یہ سفر 1955ء میں آغاز پذیر ہو چکا تھا اور ایسی کمپیوٹر ایپلی کیشنز ان کے زیرِ استعمال تھیں۔ البتہ یہ تمام ایپلی کیشنز اس قدر تیز اور جدید نہیں تھیں جتنی کہ مصنوعی ذہانت کے عام ہو جانے کے بعد چکی ہیں۔ ان کا ارتقائی سفر بھی مسلسل جاری ہے۔ آج کل انسان اور کمپیوٹر کی محبت اور تعاملات Human-Computer Interaction) کی تعلیم و تحقیق جدید دنیا کی جامعات میں اہم موضوعِ تحقیق ہے جس میں نفسیات سے کمپیوٹر تک کے سبھی ماہرین شامل ہوتے ہیں؛ جب کہ بڑی تعداد میں جامعات میں ایسے کورسز بھی متعارف کروائے جا رہے ہیں جن میں مصنوعی ذہانت سے پڑھنا اور سیکھنا شامل ہے۔ آج مفت میں چیٹ جی پی ٹی (ChatGPT۳.۵)، گوگل بارڈ/جمنی (Gemini/Bard)، پرپلیکسٹی (Perplexity) اور بنگ (Bing) ایسی مصنوعی ذہانت کی بہت سی آن لائن ایپلی کیشنز موجود ہیں جو 'Her' ہی کی طرح آپ سے گفتگو کر سکتی ہیں، سوالات کے جوابات دے سکتی ہیں اور ہر میدانِ زندگی کی ممکنہ حد تک معلومات مہیا کر سکتی ہیں۔ اگر ان چیٹ بوٹس کو مطلوبہ رقم مہیا کی جائے تو یہ کئی گنا بہتر کام کرتے ہیں اور آپ سے تحریر کے ساتھ ساتھ تقریر میں بھی سنجیدہ و شگفتہ گفتگو کر سکتے ہیں، تصاویر بنا سکتے ہیں، موسیقی کی دھن ترتیب دے سکتے ہیں، آپ کے لیے گیت تک گا سکتے ہیں۔ گلوبل ویلج کے دور میں مصنوعی ذہانت اور اس کے چیٹ بوٹس تیسری دنیا کے لیے بھی نئے نہیں رہے۔ اس ضمن میں 2022 میں جیمز برڈ کی تحریر کردہ سائنس فکشن فلم 'Wifelike' نے ایسے بہت سے چیٹ بوٹس کو مجسم دکھا دیا ہے جو آپ کے لیے آپ کی مرضی کے عین مطابق کھانا پکانے سے محبت تک ہر کام انسانوں سے زیادہ سلیقے سے اور بنا ناراضی و غصہ کر سکتے ہیں۔ جس طرح مصنوعی ذہانت کی ڈیپ فیک ٹیکنالوجی

(Deepfake Technology) آپ کی پسند کے کسی بھی کردار کو کسی بھی آواز و کردار میں ڈھال کر اس سے من چاہا کام کروانے کی صلاحیت رکھتی ہے، اسی طرح فلم میں اپنے من پسند چہروں کو ایسا مجسم روپ دینے کا تصور پیش کیا گیا ہے جن کے ساتھ آپ محض خواب وخیال ہی میں اچھا وقت بتا سکتے ہوں۔

سوال یہ ہے کہ کیا کمپیوٹر اپلی کیشنز کی یہ تجسیم محض خواب وخیال ہے یا ہم ابھی تک انسانی برتری کے زعم میں مبتلا کر اسے درخور اعتنا سمجھے ہوئے ہیں؟ اس کے جواب میں امریکا، جاپان اور چین ایسے ترقی یافتہ ممالک کی 2023 میں روبوٹس کی نمائش کے لیے سجنے والے بڑے بڑے میلوں کو دیکھا جا سکتا ہے جن کے دماغ میں چیٹ جی پی ٹی ایسے انتہائی طاقت ور اور تیزی سے سوچنے والے سافٹ وئیرز رکھ دیے گئے ہیں۔ یہ روبوٹس حقیقی زندگی میں صارف کا کھانا بنانے سے دفتری امور کی انجام دہی تک میں اس کا بنا تھکے اور رکے ساتھ دے رہے ہیں اور انسانی جذبات کی نمائندگی بھی کر رہے ہیں۔ انٹرنیٹ پر ایسے بہت سے ورچوئل اسسٹنٹ موجود ہیں جن کی قیمت ادا کر کے آپ بالکل وہی سب کچھ کر سکتے ہیں جو 'Her' کا کردار کر سکتا تھا۔ اردو 'مینا' سے انگریزی سہیلیوں اور دوستوں تک، من چاہے چہرے اور خواب وخیال کی دنیا کو حقیقت میں بدلنے کے لیے، سب کچھ آپ کی پہنچ میں ہے۔ یہ بات بھی مدنظر رہنی چاہیے کہاں چیٹ بوٹس اور روبوٹس کو چوں کہ سرمایہ دار طبقہ صنعتی استعمال کے لیے تیار کر رہا ہے اور محض 2023 میں ان پر اٹھانوے ارب امریکی ڈالر کی سرمایہ کاری کی گئی تھی، اس لیے ان کی کمی کوتاہی کو دور کرنے اور انسانوں کے لیے زیادہ سے زیادہ موثر وفعال بنانے کی ہر ممکن کوشش کی جا رہی ہے تا کہ صارفین سے حتی الامکان سرمایہ اکٹھا کیا جا سکے۔ یہ اپلی کیشنز نہ صرف آپ کی بات سمجھنے اور اس کا جواب دینے کی صلاحیت رکھتی ہیں بلکہ زبان دانی کی بھی ایسی بہت سی خوبیوں سے مالا مال ہیں جن کی موجودگی میں اردو دان طبقے کا مصنوعی ذہانت کے ساتھ انسلاک، ادب پر اس کے اثرات، تخلیقی رجحانات اور رویوں کی جانچ پرکھ، تحقیق وتنقید کے مدارج ومعیارات اور صلاحیتوں کو انسانی برتری کے بے جا تفاخر کے بجائے سنجیدہ انداز میں دیکھنے اور سمجھنے کی ضرورت ہے۔ مصنوعی ذہانت جس طرح تیزی سے ہر شعبہ ہائے زندگی میں داخل ہو کر اس میں تبدیلیاں رونما کرتی جا رہی ہے، اردو دان طبقے کی زبان وادب کے حوالے سے فکر مندی نہ صرف جواز رکھتی ہے بلکہ وقت کا اہم تقاضا بھی ہے۔ اس ضمن میں اردو ادب کے مصنوعی ذہانت کے ساتھ ارتباط وافتراق کے حوالے سے

درج ذیل فوری توجہ طلب سوالات جنم لیتے ہیں:

۱۔ ناقدین کے نزدیک ادبی تخلیق کن مفاہیم میں مستعمل ہے اور اسے جانچنے کے لیے کون سے معیارات مقرر کیے گئے ہیں؟

۲۔ کیا مصنوعی ذہانت متن، پلاٹ اور کردار تخلیق کر سکتی ہے؟ کیا اس کے تخلیق کردہ متن کو ادبی بنایا جا سکتا ہے؟

۳۔ کیا مصنوعی ذہانت کے متن کو اس صورت میں تخلیقی کہا جا سکتا ہے جب کہ یہ مخصوص طریقہ کار (پہلے سے موجودہ الگورتھم) کے تحت جواب دیتی ہے اور اس کی تحریر کا پس منظر پہلے سے موجود مواد پر منحصر ہے؟ اگر اس کا دار و مدار اس کی یادداشت میں موجود مواد (data)، یا انٹرنیٹ پر بکھرے علم پر ہے اور یہ اسی سے استقرا، استخراج اور تطبیق کا عمل کرتی ہے تو کیا اس کی تخلیق بین المتنیت (intertextuality) کے زمرے میں رکھی جائے گی؟ اور اگر رکھی جائے گی تو انسانی اور مشینی تخلیق میں امتیاز کس طرح برتا جائے گا اور جولیا کرسٹیوا (Julia Kristeva۔پ:۱۹۴۱ء) کے بین المتنیت کے نظریے کا اطلاق بہ یک وقت انسان اور مشین پر کس طرح ہو سکے گا؟

۴۔ کیا یہ زبان کے جامع تجریدی الفاظ کے نظام بہ شمول قواعد و انشا اور صرف ونحو (langue and parole) کو استعمال میں لا کر اپنی بات کہہ پانے، اسے موثر بنانے، اس میں جذبات نگاری کے دخول کی صلاحیت رکھتی ہے؟ اس کے لینگ اور پیرول کی بنیاد زبان کن عناصر پر ہے اور کیا یہ اس میں موجود بھی ہیں یا نہیں؟ اگر ہیں تو ان کا انسانی ذہانت سے موازنہ کس طرح ممکن ہے اور اگر نہیں تو ساسئیر (Ferdinand de Saussure۔ 1857-1913) کے زبان کی ساختیات کا نظریے کا اطلاق اس پر کس طرح ہوگا؟

۵۔ اگر مصنوعی ذہانت مستقبل قریب میں انسانی تخلیق کے مقابل تخلیقات پیش کرنے کے قابل ہو جاتی ہے تو ایسے میں ایک ادیب، شاعر، نقاد اور محقق کی کیا حیثیت ہوگی؟ رولان بارتھ (Roland Barthes۔۱۹۱۵-۱۹۸۰) نظریہ مرگِ مصنف (The Death of the Author) میں تحریر میں مصنف کی ذات کی نفی کرتے ہوئے اسے قارئین کے ساتھ موثر ترین ابلاغ پر استوار کرتا ہے۔ اس صورت میں جب کہ مصنوعی ذہانت اور قاری خود مصنف ہو، اس نظریے کا اطلاق کس قدر ممکن ہوگا؟

۶۔ مصنوعی ذہانت کے تخلیق کردہ متن کی اصلیت (originality) اور حقیقی تخلیق میں فرق کیسے قائم کیا جا سکتا ہے؟ اس میں شفافیت کو کیسے یقینی بنایا جا سکتا ہے اور اس بات کی کیا ضمانت ہے کہ یہ پہلی مرتبہ تخلیق کردہ متن پھر سے کسی صارف کے سامنے نہیں دہرائے گی؟

۷۔ کیا ادب برائے زندگی کی تخلیق کے حوالے سے مصنوعی ذہانت کے تخلیق کردہ غیر افسانوی ادب کی کوئی درجہ بندی کی گئی ہے یا اس ضمن میں انسانی اور مصنوعی ذہانت کے مواز نے کا کوئی معیار مقرر کیا گیا ہے؟

۸۔ بہ راہِ راست مصنوعی ذہانت سے تخلیق شدہ ادب کے بجائے اس کی مدد سے تخلیق کیے جانے والے ادب، ادب کے کس زمرے میں رکھا جائے گا؟

۹۔ کیا یہ متن کا تجزیہ، تعبیر اور تشریح وتوضیح کی صلاحیت رکھتی ہے؟

۱۰۔ اس سے لیے گئے، نقل شدہ مواد کو اگر کسی بھی تخلیق، تحقیق یا تنقید میں شامل کرنا ہو تو کیا حوالے کا کوئی طریقہ متعین کیا گیا ہے؟

۱۱۔ انسان اور مصنوعی ذہانت کی مشترکہ تخلیق، تحقیق یا تنقید کی صورت میں مصنوعی ذہانت کے کسی بھی چیٹ بوٹ کا نام کس طرح ظاہر کیا جا سکتا ہے اور اسے مصنفین میں سے کون سے درجے پر رکھیں گے؟

۱۲۔ اس کی تحقیق وتنقید اور رائے پر کس قدر اعتبار کیا جا سکتا ہے؟ اس کی موجودگی میں کند ذہن، غبی یا معمولی ذہنی استعداد کے طلبا کی حیثیت کیا ہوگی؟ یا وہ مستقبل میں اس کی رائے پر کس قدر انحصار کریں گے؟

۱۳۔ مصنوعی ذہانت اگر مذہبی ادب یا کسی خاص تہذیب وثقافت کے حوالے سے تعصب سے کام لیتی ہے تو اس کی تصدیق و درستی کیوں کر ممکن ہو سکے گی؟

۱۴۔ کیا مصنوعی ذہانت سے تخلیق کی گئی شاعری کو کسی خاص صنف یا ہیئت کے حوالے سے پہچانا جا سکتا ہے یا اس کا نام رکھا جا سکتا ہے؟

مذکورہ بالا سوالات کو ایک کے بعد ایک دیکھا جائے تو پہلا سوال تخلیق کا سامنے آتا ہے کہ درحقیقت تخلیق کیا ہے؟ کیا اس کے معانی ومفاہیم مختلف مکاتبِ فکر کے نزدیک یکساں ہیں یا اس کے بارے میں سب نے اپنی انفرادی رائے قائم کر رکھی ہے۔ اس ضمن میں ڈاکٹر وزیر آغا (۱۹۲۲ء۔۲۰۱۰ء) نے معنی اور تناظر میں ''تخلیقی عمل اور اس کی ساخت'' کے عنوان سے ایک

بصیرت انگیز مضمون تحریر کیا ہے جس میں تخلیق کے بارے میں مختلف دبستانِ فکر کے لوگوں کے مختلف خیالات کا محاکمہ پیش کیا گیا ہے۔ چنانچہ یونانیوں سے ورڈزورتھ (William Wordsworth۔ ۱۷۷۰-۱۸۵۰) تک، روحانیات، جمالیات، نفسیات، جدلیات، ہیئت پسندیت، ساختیات، پس ساختیات اور مابعد جدیدیت ایسے کتنے ہی دبستانِ فکر کے اس بارے میں متنوع نظریات موجود ہیں۔ ان میں سے کوئی نظریہ دوسرے سے من وعن متفق نہیں اور نہ ہی یکسر مختلف ہی ہے۔ ڈاکٹر وزیر آغا کا اپنا نظریہ بھی ان کے شخصی تجربے پر محمول ہے اور اس میں نفسیاتی پہلو زیادہ واضح ہے۔ 'تخلیقی عمل' میں تخلیق کی ماہیت کے بارے میں تحریر کرتے ہیں:

> اصلاً یہ وہ عمل ہے جس کی مدد سے انسان اپنے ہی وجود کی بامشقت قید سے رہائی پاتا ہے۔ بالکل جیسے کوئی شے کسی مدار میں مسلسل گھومتے چلے جانے کے بعد معاً لپک کر ایک نئے اور کشادہ تر مدار میں چلی جائے۔ جسم، معاشرہ، اسطور، تاریخ اور فن ہی میں نہیں، کائنات کے محیط و بسیط نظام میں بھی اس کا یہی اصول کارفرما ہے۔

جب کہ اس کتاب سے دو دہائیوں بعد دوسری کتاب معنی اور تناظر میں انھوں نے تخلیق کی ایک اور نفسیاتی وطبی وجہ بھی بیان کی ہے۔ حقیقت میں اس میں جس قدر پراسراریت بیان کی گئی ہے وہ حیاتی سے زیادہ وجدانی وروحانی کے قریب چلی جاتی ہے۔ ڈاکٹر وزیر آغا کے مطابق تخلیقی عمل گویا ایک راز ہے جسے مکمل طور پر سمجھنا ممکن نہیں، تاہم یہ عمل انسانی تجربے، انفرادی و اجتماعی لاشعور اور وجدان کا نمائندہ ہوتا ہے۔ انسانی نفسیات ایک حوض کی مانند ہے جس کی سطح پر تیرتے ہوئے تنکے اور پتے حسیات سے حاصل کردہ تاثرات کی نمائندگی کرتے ہیں۔ حوض کی تہہ میں لاکھوں برسوں پر محیط انسانی تجربات کا ذخیرہ ہوتا ہے اور جب کوئی نیا تاثر ذہن میں داخل ہوتا ہے تو گویا یہ اس میں چٹان کی طرح گر کر طوفان برپا کر دیتا ہے۔ اس طوفان سے، سطح کا مواد تہہ کے مواد سے مل جاتا ہے اور ایک نئی تخلیق وجود میں آتی ہے۔ درحقیقت ڈاکٹر وزیر آغا کا نظریہ تخلیق، اشاعرہ کے ایٹم کے عدم سے وجود میں آنے سے مماثل ہے۔ تخلیق اور تخلیقی عمل کے حوالے سے محمود ہاشمی بھی انسانی محسوسات، انفرادی تجربات اور سینکڑوں، ہزاروں سالوں میں پرورش پانے والے اجتماعی لاشعور کو تخلیق کی اہم وجہ گردانتے ہیں۔

ماہرِ لسان و جمال شکیل الرحمٰن (۱۹۳۱-۲۰۱۶) کی رائے میں تخلیق کے تین مدارج و

مراحل ہیں۔ پہلے مرحلے میں انسانی جبلت اور اس کا اظہار تخلیق کا سامان مہیا کرتا ہے، دوسرے میں نسلی تجربات کا حسی سطح پر اظہار ہوتا ہے اور تیسرے درجے میں انسانی تجربات، ان کی رمزیت اور جہات، جمالیاتی التباس اور ابہام سے نئے تاثرات وارتعاشات لیتے ہوئے تخلیق میں ڈھلتی ہیں۔ گویا ان کے ہاں بھی اجتماعی لاشعور اور تاریخ اہم تخلیقی عناصر ہیں جب کہ وہ حاضر وقت میں انسانی تجربات کو بھی اس میں شامل کر کے اس کا دائرہ کار بڑھا دیتے ہیں، تخلیق کو محض لاشعور اور تخیل پر منحصر تسلیم نہیں کرتے۔ ڈاکٹر سید عبداللہ (۱۹۰۶-۱۹۸۶) نے اشاراتِ تنقید میں کولرج (Samuel Taylor Coleridge۔ ۱۷۷۲-۱۸۳۴) کے حوالے سے تخلیقی عمل میں کارفرما قوتِ متخیلہ کو دو مراحل میں تقسیم کیا ہے۔ پہلے مرحلے میں قوت متخیلہ اشیا کے درمیان امتیاز و انسلاک کے ساتھ ربط پیدا کرنے کا ذریعہ بنتی ہے اور دوسرے میں اسے استعمال کرتے ہوئے وحدت آفرینی وشیرازہ بندی کے تحت ایک نیا خیال عمل میں آتا ہے جس کی بنیاد میں وہم اور یادداشت دونوں شامل ہوتے ہیں۔ وہم ایک ایسی منزل ہے جو حافظے اور ارادے کی قوت کے ساتھ مل کر کام کرتی ہے اور تصویر کی خارجی سطح تیار کرتی ہے۔ اس نظریہ میں یادداشت سے مراد انسانی تجربات، اجتماعی لاشعور اور ماضی کی بازگشت ہے جو پراسرار انداز میں ادب پارے کی تخلیق میں اہم کردار ادا کرتی ہے۔ اسلوب احمد انصاری (۱۹۲۵-۲۰۱۶) بھی اس نظریے سے بڑی حد تک متفق نظر آتے ہیں۔ وہ تخلیق کے پس منظر میں واہمہ، وجدان اور ادراک تینوں ہی کو اہم گردانتے ہیں۔ ان کے نزدیک انسانی تجربات، تخیل اور حقیقت کے ملاپ سے تخلیق کا سبب بنتے ہیں۔ وہ تخلیقی نظریے کے طور پر کسی ایک جہت یعنی محض وجدان یا محض تجربہ پر اصرار نہیں کرتے۔ فنکار تخیل اور واہمے سے اپنے فن کا مواد تو حاصل کرتا ہے لیکن اس کے اظہار کے لیے آخر کار اسے حقیقی دنیا میں لوٹنا پڑتا ہے۔ اعلیٰ ادب معرفت اور عمل کے درمیان توازن پیدا کرتا ہے، نہ تو یہ محض مجرد تصورات تک محدود ہوتا ہے اور نہ ہی محض عقل پرست۔

محمد احسن فاروقی (۱۹۱۳-۱۹۷۸) نے تخلیق کے ضمن میں حافظہ اور تخیل کی نئی بحث چھیڑی ہے جو کالرج کے متخیلہ اولیٰ و ثانی سے متفق بھی ہے اور کسی حد تک اس سے اختلاف بھی کرتی ہے۔ ان کے مطابق تخیل ہی تخلیق کا ذمہ دار ہے اور اسے ایک روحانی قوت کہا جاتا ہے؛ لیکن یہ قوت محض ماضی یا حافظہ ہی پر انحصار نہیں کرتی بلکہ مستقبل کی خواب گر بھی ہوتی ہے۔ اس کی ایک وجہ یہ ہے کہ حافظے بھی تخیل سے اثر قبول کرتا ہے۔ اس میں شک نہیں کہ تخیل ماضی کے

تجربات واحساسات سے روشنی حاصل کرتا ہے لیکن تخیل ایک مستقل قوت ہے اور حافظہ ایک طرح سے عارضی شے ہے۔ معروف امریکی ناول نگار اینی لموٹ (Anne Lamott۔ پ: ۱۹۵۴) جن کی کتب کئی سال تک سب سے زیادہ فروخت شدہ (bestseller) کی فہرست میں شامل رہی ہیں، ادبی تخلیق کے عمل کے حوالے سے اپنی کتاب Bird by Bird میں تحریر کرتی ہیں کہ تخلیق خالصتاً ایک روحانی اور وجدانی کیفیت کا نام ہے۔ اپنے تجربات بیان کرتے ہوئے لکھتی ہیں کہ ایک مخصوص وقت میں، میں نے اپنے اندر ایک کشمکش محسوس کی اور وہ تخلیقی، روحانی یا جمالیاتی طریقہ کھوجنے کی کوشش کی کہ جس کے تحت اسے ترتیب دے کر بیان کیا جا سکے۔ ایسے میں گہرے مطالعے کے دوران میں ایک روحانی لمحہ ایسا آیا جب مجھے خود پر یقین ہوا کہ میں کوئی بہت بڑا اور جادوئی قسم کا کارنامہ کر سکتی ہوں جس کے بعد میرے لکھنے کا سفر کبھی نہ تھما۔ تخلیق کے پس منظر میں ان کا وجدانی تجربہ بجا ہے لیکن یہ تجربہ یقیناً خود شناسی کا تجربہ تھا جس میں انھوں نے اپنی تخلیقی صلاحیتوں کا کھوج لگایا۔ اس تجربے کو محض وجدان سے منسلک کر دینا بہت سے لاینحل سوالات کو جنم دیتا ہے۔ معید رشیدی (پ: ۱۹۸۸) نے بھی تخلیق، تخیل اور استعارہ میں تخلیق کو تخیل اور ابہام سے جوڑتے ہوئے پراسرار اور نفسیاتی عمل ثابت کیا ہے۔ ان کے خیالات ڈاکٹر وزیر آغا کے "تخلیقی عمل" ہی کا تتبع معلوم ہوتے ہیں۔ وہ استعارہ کو تخیل کی تخلیقی معراج کی جانب لے جاتے ہوئے اپنے خیالات کا اظہار تو کرتے ہیں لیکن اس بات کا کوئی جواب نہیں ملتا کہ اردو کے غیر افسانوی ادب اور خود افسانوی ادب میں بہت سے ایسے افسانے جن میں تخیل کی کارفرمائی کم ہے، مقصدیت، سخت حقیقت پسندی (stark reality) اور نفسیاتی حقیقت نگاری سے زیادہ کام لیا گیا ہے یا زبان زیادہ استعاراتی نہیں ہے، اسے کس زمرے میں رکھیں گے یا پھر اسے تخلیق سمجھا بھی جائے گا یا نہیں؟ دوسرا یہ کہ ان کے نزدیک ابہام، جو کہ تخلیق کے دیگر نظریات کے مطابق تخیل کے لیے نہایت اہم ہے، تخلیق میں گویا ایک قسم کی رکاوٹ ہے جسے دور کرنے کے لیے تخلیق کار استعارے کا استعمال کرتا ہے اور یوں تخلیق کا راستہ آسان ہوتا ہے۔

شمیم حنفی (۱۹۳۹-۲۰۲۱) تخلیق اور تخلیقی تجربے کو ایک اعلیٰ اور برتر درجے کا نفسی تجربہ شمار کرتے ہیں جو ہر قسم کی پابندی سے آزاد ہے۔ اور اس ضمن میں کسی بھی ایک نظریے یا تاریخی مسلمہ حقیقت کو تسلیم نہیں کرتے۔ وہ اپنا موقف غالب (۱۷۹۷-۱۸۶۹) کی تخلیق جہات کے حوالے سے تحریر کردہ مضامین میں ثابت کرتے ہیں۔ ان کے مطابق وہ ادب اور تخلیقی تجربے کو

فلسفہ،نفسیات، اور سائنسی علوم کے اصولوں کے تابع نہیں سمجھتے کیوں کہ یہ ایک آزاد اور خود مختار دنیا ہے جہاں بیرونی احکامات اور ضوابط کا کوئی اثر نہیں ہوتا۔ تخیل اور تخلیقی صلاحیتوں کے آزادانہ اظہار پر کسی قسم کی پابندی لاگو کی ہی نہیں کی جاسکتی۔ ڈاکٹر سلیم اختر (پ: ۱۹۳۴) تخلیقی عمل کے ضمن میں مختلف رائے پیش کرتے ہوئے کہتے ہیں کہ تخلیقی عمل میں محض وجدان، جنون اور ذہنی پسماندگی (ابنارملٹی) زیادہ اہمیت نہیں رکھتی نہ ہی اسے کسی خاص روحانیت یا پُر اسراریت کا حاصل سمجھنا چاہیے۔ گو کہ انھیں تخلیق میں معاون سمجھا جاسکتا ہے لیکن تخلیق سے مشروط نہیں کیا جا سکتا۔ بالخصوص نفسیاتی حوالے سے تخلیق کو زیرِ بحث لاتے ہوئے یہ دلیل پیش کرتے ہیں کہ ضروری نہیں کہ ہر جنونی اچھا لکھاری ہو یا ہر اچھا لکھاری جنونی ہو۔ مصنوعی ذہانت سے متن کی تخلیق ڈاکٹر سلیم اختر کے موقف کی تائید کرتی ہے۔ ان کے مطابق لاشعوری محرکات تخلیقی عمل میں اہم کردار ادا کرتے ہیں جس کی مثال نامور فنکاروں کی زندگیوں اور اس میں تخلیقی محرکات سے دی جاسکتی ہے۔ اس میں بھی شک نہیں کہ تخلیق ایک حد تک ان کے لاشعوری زخموں کا علاج ہوتی ہے، لیکن جنون کی ہر حالت میں تخیل مددگار نہیں ہوتا اور نہ ہی جنون اور تخلیق کو لازم و ملزوم قرار دیا جا سکتا ہے۔

محمد حسن عسکری (۱۹۱۹-۱۹۷۸) تخلیق اور تخلیقی عمل کو اسلوب سے منسلک کرتے ہیں۔ ان کے مطابق تخلیقی عمل کے لیے تجربات اور موضوعات کی فراوانی ضروری ہے جب کہ ایک سے حالات اس راہ میں رکاوٹ ثابت ہوتے ہیں۔ ہر انسان اپنے تجربات کی بنیاد پر سوچنے کا ہنر سیکھتا ہے جو کہ اسلوب کہلاتا ہے اور پھر اسی اسلوب کے تحت وہ تخلیقی عمل میں حصہ لیتا ہے۔ اس کا مطلب یہ ہے کہ وہ بڑی حد تک تخلیق کے لیے خارجی حالات پر انحصار کرتے ہیں جہاں سے انسان تخلیق کے لیے مواد ہی نہیں لیتا بلکہ انفرادیت اور شناخت بھی لیتا ہے۔ گویا تخلیق کے لیے تجربات اور موضوعات ضروری ہیں اور انھی تجربات کی بنیاد پر ایک ادیب کا اسلوب پیدا ہوتا جو کہ تخلیقی عمل میں بنیادی کردار ادا کرتا ہے۔ تخلیق اور عملِ تخلیق کی بحث کا محاکمہ کیا جائے تو اکثریت کے خیال میں اس کا تعلق تخیل، وجدان، عدم سے وجود میں لانے کا عمل، روحانیت، ذہنی خلفشار، ردِ عمل، ماضی سے وابستگی، اجتماعی لاشعور اور انسانی تجربات وغیرہ سے جڑتا دکھائی دیتا ہے۔ یہ بات یقینی ہے کہ جن بھی دانش وروں نے تخلیق کے بارے میں نظریات پیش کیے ہیں، مصنوعی ذہانت سے تخلیق کردہ ادب ان کے پیشِ نظر یا گمان میں نہیں ہوگا۔ ایسے میں یہ سوال بھی فطری طور

پر جنم لیتا ہے کہ افادی ادب، ادب برائے زندگی اور غیر افسانوی ادب کو تخلیق کے کس زمرے میں رکھا جائے گا؟ کیا ہر تخلیق محض قوت متخیلہ ہی کی پیداوار ہے یا اس میں یادداشت، محسوسات، تجربات، مطالعات، اسلوب، مقصدیت یا کسی قسم کی میکانکیت کا بھی کوئی عمل دخل ہے؟ حقیقت تو یہ ہے کہ قوت متخیلہ خیال کے اظہار کے لیے جو بھی اسلوب اپناتی ہے، تحریر سے زیادہ ادیب کے اندازِ تفکر (thinking pattern) سے تعلق رکھتی ہے۔ یہی اندازِ فکر مخصوص الگورتھم (algorithm) اور نمونہ جات (patterns) کے تحت مصنوعی ذہانت بھی اپناتی ہے اور انسانی دماغ سے زیادہ سرعت سے تخلیقی عمل میں حصہ لیتی ہے۔ یہ ترقی یافتہ اقوام کی زبانوں میں بہتر انداز میں کام سرانجام دے رہی ہے اور ایک خیال کو مردف، مقفیٰ، آہنگ (rhymeand rhythm) میں مختصر، طویل اور مختلف ہیئتوں میں بیان کرنے پر بڑی حد تک قدرت رکھتی ہے۔ مصنوعی ذہانت کا تخلیقی عمل انسانی تجربات کا محتاج نہیں ہے اور یہ فطری انسانی جذبات سے عاری ہونے کے باوجود انسانی تجربات اور جذبات کو استعمال کرنے کی کوشش کرتی ہے۔

اردو ادب کی تخلیق، تحقیق اور تنقید کے حوالے سے جب مصنوعی ذہانت کا ذکر کیا جاتا ہے تو اس کا صنعتی درجے پر صارف نہ ہونا، کتب کی قابلِ نقل اردو تحریر (فونٹ) میں عدم دستیابی، مختلف مصنفین کے اسلوب کی نامکمل معلومات، قدیم متون کی فہرستیں میسر نہ ہونا اور جدید کمپیوٹر کتابت (کمپوزنگ) میں تحریر کی عدم موجودگی، جدید و قدیم املا کا فرق، نایاب کتب کی خستہ حال سکین شدہ نقول اور ایسے بہت سے مسائل آڑے آتے ہیں جس کی وجہ سے یہ دیگر زبانوں کی نسبت اس میں کم فعال ہے اور اس سے بنیادی تذکیر و تانیث تک میں اغلاط کا امکان رہتا ہے۔ اردو دنیا اس کی جانب کم متوجہ ہے اور جو متوجہ ہیں وہ چوں کہ اسے مفت میں استعمال کرنا چاہتے ہیں اس لیے چیٹ جی پی ٹی وغیرہ کے ایسے کم فعال ورژن ہی مفت میں میسر ہیں جن میں غلطی کا امکان زیادہ ہے اور وہ کم تر تخلیقی صلاحیتوں کی مالک ہے۔ بہ صورتِ دیگر اگر مجموعی طور پر دنیا بھر کی زبانوں اور علوم و فنون کے حوالے سے چیٹ جی پی ٹی کا ذکر کیا جائے تو اس میں تین سو ارب الفاظ کا ذخیرہ موجود ہے جب کہ یہ انٹرنیٹ پر ہر روز بڑھتے اور پھیلتے ڈیٹا کو بھی اس مقصد کے لیے استعمال کر رہی ہے جس سے اس کی استعداد اور ذخیرہ الفاظ میں روز افزوں اضافہ ہو رہا ہے۔ اس کا نحوی نظام اس قدر مضبوط اور مستعد ہے کہ مختصر جواب کو دو سے تین سیکنڈ کے درمیان پیش کر دیتی ہے۔ یوں یہ انسانی دماغ کی طرح اس کے حافظے میں محفوظ الفاظ ہی پر انحصار نہیں کرتی بلکہ انٹر

نیٹ کو بھی زیر استعمال لاتی ہے۔ علاوہ ازیں یہ استدلال و نتیجہ (reasoning and inference) کے ذریعے صارف کے ذہنی رویوں کو پڑھنے اور سمجھنے کی کوشش کرتی ہے اور سوال کے جواب یا گفتگو میں ممکنہ مناسب ترین الفاظ کو ایک خاص ترتیب (الگورتھم) میں پیش کرتی ہے۔ جواب غلط ہونے کی صورت میں جب صارف اس کی نشان دہی کرتا ہے تو یہ فوراً نئے الگورتھم کے تحت مناسب ترین الفاظ و خیالات کو شامل کر کے خودکار اصلاح کی کوشش کرتی ہے اور معذرت بھی کر لیتی ہے۔ جب ایک صارف اسے ایک خیال پیش کرتا ہے تو یہ اس خیال کی بنیاد پر ذخیرہ الفاظ اور انٹرنیٹ پر بکھرے الفاظ میں سے جواب کے لیے مناسب ترین الفاظ کا انتخاب کر کے جواب پیش کرتی ہے۔ یہی اس کا تخلیقی عمل ہے اور اس ضمن میں یہ نہ صرف انسانی دماغ ہی کی طرح مناسب الفاظ کے چناؤ کے ساتھ پہلے سے موجود خیال کی بنیاد پر نئے خیال کی تعمیر کرتی ہے، خیال کی مختلف جہات کو کھوجتے ہوئے اس کی تشریح و توضیح پیش کرتی ہے بلکہ کسی بھی ادب پارے پر تمام جدید ادبی نظریات کا اطلاق کرنے کا ملکہ بھی رکھتی ہے۔ مزید برآں یہ سادہ مشینی ترجمہ کاری، جس میں گوگل ٹرانسلیشن اور مائیکروسافٹ بنگ (Bing) ایسی ایپلی کیشنز شامل ہیں، سے زیادہ تیزی سے تراجم کے ذریعے بدیسی زبانوں کو ایک دوسرے کے قالب میں ڈھالنے کی صلاحیت بھی رکھتی ہے۔ اس کی غیر انسانی خوبیاں جن میں توجہ کا بہترین اور مستقل ارتکاز، وسیع ترین لفظی ذخیرہ، تمام مشہور زبانوں کے صرف و نحو کی تربیت، رکنے، تھکنے اور خوراک کے حصول میں وقت گزارنے کے بجائے مسلسل کام کرنے کی اہلیت ایک نئے پیراڈائم شفٹ کی نشان دہی ہے، جس پر بہت سے مکاتبِ فکر سوال بھی اٹھا رہے ہیں۔

تخلیقی عمل میں الفاظ کے چناؤ اور اس کے درست استعمال کے حوالے سے بات کی جائے تو یہ بھی انکشاف ہوتا ہے کہ مصنوعی ذہانت نے سوسیئر کے زبان سے متعلق لانگ (langue) اور پیرول (parole) کے ممکنات پر ازسرِ نو غور کرنے کی دعوت دی ہے، ہر لفظ سے جڑے تصور اور اس کے اجزا (تصور نما اور تصور معنی) اور اس تصور کی شناخت کے انسانی ادراک کے نظریے پر ایک طرح سے سوال اٹھایا ہے اور بات کرنے کا ایک نیا ڈھنگ ایجاد کیا ہے۔ اسی طرح اس نے جولیا کرسٹوا کے بین المتنیت کے نظریے کو اس قدر وسعت دی ہے کہ یہ ذخیرہ شدہ متون اور انٹرنیٹ پر بکھرے متون کو سرعت سے نہ صرف پڑھتی ہے، تجزیہ کرتی ہے، بین المتنیت تک پہنچنے کی کوشش کرتی ہے بلکہ اسے بخوبی بیان کرنے کی کوشش بھی کرتی ہے۔

مصنوعی ذہانت ہونے کے ناطے یہ چوں کہ اپنے نئے اور انوکھے تجربات کرنے سے قاصر ہے اور بہ راہِ راست انسانی تجربے سے منسلک نہیں ہے اس لیے یہ پہلے سے موجود انسانی تجربات، خیالات، مطالعات اور محسوسات کو استعمال میں لا کر جواب پیش کرتی ہے۔ ایک فرد کے تجربات اور محسوسات چوں کہ مختصر ہوتے ہیں اور کئی معاملات میں دوسرے انسانوں سے مختلف ہوتے ہیں اس لیے یہ بہ یک وقت متن کی صورت میں لاکھوں انسانی تجربات کو مدنظر رکھتے ہوئے مخصوص الگورتھم کے تحت جواب دیتی ہے۔ جس سے بین المتنیت کی لامحدودیت کا ایک نیا باب وا ہوتا ہے۔ البتہ انسانی فکر و تجربے کی گہرائی، تہذیب و ثقافت اور تاریخ کے مطالعات میں کمی کی وجہ سے اس کے ادبی اور تاریخی نوعیت کے جوابات میں کجی کا امکان رہتا ہے۔ اسی لیے اس کا اپنا انوکھا اسلوب بھی سامنے نہیں آتا اور اس کی اردو ادب کے حوالے سے تخلیقات کا ایک بڑا حصہ نوسیکھیے یا ابتدائی درجے کے ادیب کی سطح پر کھڑا نظر آتا ہے جس میں اکثر صرف و نحو کی اغلاط بھی موجود ہوتی ہیں۔ یوں جولیا کا نظریہ، جو اس تناظر میں لامحدودیت کی جانب بڑھ رہا ہے اس کی نئی توضیح کی ضرورت ہے جس میں انسانی بین المتنیت اور مشینی بین المتنیت، ان کی حدود، امکانات اور مسائل کو زیرِ غور لایا جا سکتا ہے۔ مصنوعی ذہانت کے حوالے سے رولان بارتھ کا نظریہ ''مصنف کی موت'' کو دیکھیں تو اس میں بھی کئی نئے اور اہم سوالات جنم لیتے ہیں۔ رولان کا استدلال یہ تھا کہ جب قاری کسی متن سے جڑتا ہے تو مصنف اس میں ایک طرح سے غائب ہو جاتا ہے اور وہ درحقیقت قاری کو اس تہذیب و ثقافت اور کل انسانی تجربے سے جوڑنے کا سبب بنتا ہے جو اس نے اپنے مشاہدے، محسوسات اور تجربے سے سیکڑوں، ہزاروں سالوں میں حاصل کیا۔ یوں وہ متن اور قاری کو اہمیت دیتے ہوئے مصنف کو ثانوی حیثیت دے کر متن سے بے دخل کر کے اس کی موت کا اعلان کرتے ہیں۔ ان کا یہ نظریہ دل چسپ اور دنیا کی مختلف تہذیبوں اور ثقافتوں سے لگا نہ کھانے والا ہے۔ مصنوعی ذہانت کے حوالے سے اسے زیرِ غور لائیں تو چوں کہ مصنوعی ذہانت سے گفتگو اور ادبی تخلیق کی صورت میں یا تو قاری ہی مصنف ہے یا پھر مصنوعی ذہانت ایسے مصنف کے روپ میں سامنے آتی ہے جس کا سارا متن، اس کا اپنا نہیں بلکہ بین المتون ہے، اس لیے مصنف کی موت کا اعلان خود قاری کی موت کا بھی اعلان ہے اور ایسے مصنف کی موت کا بھبجو پہلے ہی مستعار خیالات پر زندہ ہے۔ اس ضمن میں یہ نظریہ بھی از سرِ نو زیرِ بحث لایا جانا چاہیے۔ ذیل میں مصنوعی ذہانت کی تخلیقی جہات، تراجم اور تحقیقی و تنقیدی امکانات و مسائل کو زیرِ غور لایا جا رہا ہے

جہاں ان تینوں نظریات کا اطلاق، مسائل اور امکانات کو واضح طور پر محسوس کیا جا سکتا ہے۔

مجید امجد (۱۹۱۴-۱۹۷۴) کی نظم 'پھولوں کی پلٹن' کو قبولِ عام حاصل ہو چکا ہے۔ یہ نظم بزرگوں کی آخری عمر کے عمومی ناسٹلجیا کی نمائندگی کرتی ہے۔ اس میں ایک عمر رسیدہ، کہنہ مشق بزرگ نوجوانوں کو نصیحت کرتے ہوئے یادِ ماضی کو آواز دیتا ہے اور بتاتا ہے کہ ان گلیوں میں کبھی ہم بھی کھیلا کرتے تھے اور ہماری آنکھوں میں نئے خواب تھے۔ اس الزام کے جواب میں کہ مصنوعی ذہانت پہلے سے موجود خیالات ہی کو بیان کرتی ہے، مجید امجد کی اس نظم کے ساتھ ایک تخلیقی تجربہ کیا گیا۔ راقم نے نظم میں موجود بزرگ کردار کو بزرگ ملاح سے تبدیل کیا، لاابالی نوجوانوں کی جگہ نوجوان ملاحوں کو رکھا، جب کہ گلیوں کی مکانیت کو دریا سے بدل دیا۔ ایسا کرنے کے بعد گوگل بارڈ کو یہ کمانڈ دی گئی کہ اس موضوع پر ایک نظم تخلیق کرے تاکہ یہ دیکھا جا سکے کہ یہ محض پہلے سے موجود خیالات ہی کی جگالی کرتا ہے یا اعلیٰ تخلیقی صلاحیتوں سے بھی بہرہ مند ہے۔ راقم نے درج ذیل کمانڈ دی تھی:

> Write me a poem in which an old sailor is telling the young ones",In the river where you are now catching fish and thriving, we once spent our childhood, dreaming of golden futures. Those days do not return".The poem is nostalgic, a tale of hope, despair, and the passage of time. Poem should be highly creative and full of imagination.

کمانڈ انگریزی میں دینے کا مقصد یہ تھا کہ اس کا مجید امجد کی نظم سے کسی بھی قسم کا کوئی تعلق نہ بننے پائے، یا یہ وہاں سے خیال نقل نہ کرے۔ حیران کن طور پر اس نے انگلش میں جو نظم تخلیق کی، اسے بلاشبہ 'تخلیق' کہا جا سکتا ہے البتہ اس تخلیق کی معیار بندی کا کوئی ایسا قاعدہ اردو دان طبقے نے ایجاد نہیں کیا جیسا دیگر زبانوں میں 'تخلیقی جائزہ کاری' (Creativity Support Index) وغیرہ کے نام سے مستعمل ہے۔ اس تخلیق کو ادنیٰ درجے کی تخلیق کہیے، تب بھی یہ تخلیق ہی رہے گی اور مستقبل قریب میں اپنی تخلیقی استعداد کو بہتر سے بہترین بنانے کی جانب بڑھے گی۔ ایسے میں مصنوعی ذہانت سے تخلیق کردہ ادب کو نام دینے کا مرحلہ پیش آئے گا

اور اسے اس نسبت سے ''مشینی ادب'' کہا جا سکتا ہے جب کہ انسان اور مشین دونوں کے تعامل سے تخلیق کردہ ادب کو نام دینے کا مسئلہ پھر بھی درپیش رہے گا جسے اس مسئلے کے حل تک ''انسان مشینی ادب'' کہا جا سکتا ہے۔ راقم نے اگلے قدم پر نہ صرف اس کی کہی نظم کا اسی سے اردو میں ترجمہ کروایا بلکہ ترجمے کی روانی کے لیے چند مقامات پر ایک دو ترامیم بھی کیں لیکن بنیادی خیالات اور الفاظ میں بالکل بھی ردوبدل نہیں کیا۔ یہ لفظی ترجمہ نثری نظم کے پیرائے میں کیا گیا ہے جب کہ انگلش میں مصنوعی ذہانت مردف و مقفیٰ ترجمے کی سہولت بھی مہیا کرتی ہے۔ ذیل میں مجید امجد کی نظم، گوگل بارڈ/ جمنی کی انگلش نظم اور اس کا اردو ترجمہ پیش کیا جا رہا ہے:

'پھولوں کی پلٹن' از مجید امجد

آج تم ان گلیوں کے اکھڑے اکھڑے فرشوں پر چلتے ہو،
بچو! آؤ تمھیں سنائیں گزرے ہوئے برسوں کی سہانی جنوریوں کی کہانی،
تب یہ فرش نئے تھے
صبح کو لمبے لمبے اوورکوٹ پہن کر لوگ گلی میں ٹہلنے آتے،
اُن کے پراٹھوں جیسے چہرے ہماری جانب جھکتے
لیکن ہم تو باتیں کرتے رہتے اور چلتے رہتے،
پھر وہ ٹہلتے ٹہلتے ہمارے ہمارے پاس آ جاتے
بڑے تصنع سے ہنستے اور کہتے،
'ننھو! سردی تمھیں نہیں لگتی کیا؟'
ہم سب بھرے بھرے جزدان سنبھالے،
لوحیں ہاتھوں میں لٹکائے،
بنا بٹن کے گریبانوں کے پلو اُدھڑے کاجوں میں اٹکائے
تیز ہواؤں کی ٹھنڈک اپنی آنکھوں میں بھر کر
چلتے چلتے، تن کے کہتے: ''نہیں تو، کیسی سردی؟
ہم کو تو نہیں لگتی!''
بچو! ہم ان اینٹوں کے ہم عمر ہیں، جن پر تم چلتے ہو،

صبح کی ٹھنڈی دھوپ میں بہتی، آج تمہاری اک اک صف کی وردی،
ایک نئی تقدیر کا پہناوا ہے
اُجلے اجلے پھولوں کی پلٹن میں چلنے والو
تمھیں خبر ہے، اس فٹ پاتھ سے تم کو دیکھنے والے
اب وہ لوگ ہیں
جن کا بچپن ان خوابوں میں گزرا تھا جو آج تمہاری زندگیاں ہیں

انگلش میں تخلیق کردہ نظم از گوگل بارڈ/جمنی

Where ripples whisper to your oars, beneath sun-kissed willow boughs,
A river flows, once laced with dreams, where childhood sang its vows.
These banks, your haven for fish and laughter, echoed once with youthful cries,
As we, mere sprites, with sun-kissed skin, chased fireflies beneath the skies.
This shimmering skein of sapphire, where speckled trout now dart and gleam,
Was canvas for our grand pronouncements, whispered fantasies supreme.
We'd chart constellations in its stars, etch empires on its sand,
With oceans in our eyes, we swore, by dawn we'd rule the land.
Oh, salty tang of windblown hair, the whispered song of reeds,
Each bend a promise, every eddy, tales of distant deeds.
We dreamt of ships with billowing sails, of

storms defied and treasures won,
Our voices, sails unfurled in hope, beneath a watchful, golden sun.
But tides recede, and dreams drift by, like autumn leaves on winds of fear,
And futures once ablaze with hope, dissolve in mist, a silent tear.
We built our lives on shifting shores, and chased horizons ever near,
Yet time, a rogue wave, crashed and stole, the laughter, and the youthful cheer.
Now, wrinkled maps beneath your gaze, we watch you spin upon its edge,
With nets outstretched, and laughter clear, your spirits dancing on the ledge.
Embrace the sun, the whispered wind, the secrets held within its sway,
For life, a fleeting river flows, and futures melt with yesterday.
But though the past its anchor casts, upon this ever-shifting stream,
Remember, lad, the dreams you hold, are embers, not a dying dream.
So catch the current, chase the moon, let ripples sing your vibrant song,
For youth's a fire, untamed and wild, in this river, where you belong.

انگلش میں تخلیق کردہ نظم کا ترجمہ از گوگل بارڈ/ جمنی

جہاں بیدِ مجنوں تلے، لہریں تمھارے چپوؤں سے سرگوشی کرتی ہیں

خوابوں سے جڑا ایک دریا بہتا ہے، جہاں ہمارے بچپن نے دلکش گیت گائے تھے
یہ کنارے، جو تمھاری مچھلیوں اور قہقہوں کی جنت ہیں، کسی زمانے میں
نوجوانوں کی مسکراہٹوں سے گونجتا تھا
ہم گویا ننھے ساحر، آسمان تلے سورج کی تمازت سہتے جسموں سے،
تتلیوں کے پیچھے دوڑتے تھے
یہ نیلگوں پانی، جہاں اب ٹراؤٹ مچھلیاں تیرتی اور چمکتی ہیں،
ہمارے عظیم اعلانات، سرگوشیوں اور تصورات کا صحیفہ تھا،
اور خاموش خوابوں کا مختصر بیان
ہم اس کے ستاروں میں زائچہ نویسی کرتے تھے
اور اس کی ریت پر سلطنتیں تعمیر کرتے تھے
اپنی آنکھوں میں سمندر لیے، ہم نے قسم کھائی کہ غروب سے طلوع تک ہم
اس زمین پر راج کریں گے
اے ہوا سے بکھرے بالوں کی نمکین خوشبو، اور سرکنڈوں کا چپکے سے گایا گیت،
ہر لہراؤ ایک وعدہ تھا، ہر گھماؤ دور دراز کے کارناموں کی کہانیاں تھیں
ہم نے جھنڈا لہراتے بحری جہازوں، طوفانوں کا مقابلہ کرنے
اور خزانے جیتنے کا خواب دیکھا
ہماری آوازیں، جو نگہبان سنہری سورج کے نیچے امید کے ساتھ پھیلا ہوا بادبان تھیں
لیکن لہریں ہٹتی ہیں اور خزاں کے پتوں کی طرح خوف کی ہواؤں میں خواب
ہوا میں بکھر جاتے ہیں،
اور مستقبل جو کبھی امید سے روشن تھا، ایک خاموش آنسو کی طرح
دھند میں تحلیل ہو جاتا ہے
ہم نے اپنی زندگیاں بدلتے کناروں پر بنائی، اور افقوں کا پیچھا کیا
جو ہمیشہ قریب لگتے تھے،
لیکن وقت نے ایک دھوکہ باز لہر کی طرح ہم سے ہنسی، اور جوانی کی خوشی کو چرا لیا
اب، تمھاری نظروں کے نیچے جھری زدہ نقشوں کے ساتھ،

ہم تمھیں اسی کنارے کی جانب بڑھتے دیکھتے ہیں

پھیلے ہوئے جالوں اور صاف قہقہوں کے ساتھ، تمھاری روحیں

کنارے پر ناچ رہی ہیں

سورج کو گلے لگاؤ، ہوا کی سرگوشیوں کو سنو، اور اس کے اندر چھپے ہوئے رازوں کو پکڑو،

کیونکہ زندگی ایک گزرتا ہوا دریا ہے، اور مستقبل کل میں گھل جاتا ہے۔

لیکن اگرچہ ماضی اس ہمیشہ بہتی ندی پر اپنا لنگر ڈالتا ہے،

یاد رکھو، نوجوان، تمھارے خواب بجھتے ہوئے خواب نہیں ہیں،

بلکہ چمکتے ہوئے انگارے ہیں

تو لہروں کو پکڑو، چاند کا پیچھا کرو، لہروں کو اپنے توانائی سے بھر دو،

کیونکہ جوانی ایک آگ ہے، بے لگام اور جنگلی، اس دریا میں،

جہاں سے تم تعلق رکھتے ہو۔

جیسا کہ پہلے بیان ہوا، اس نظم کو بلاشبہ تخلیق کہا جاسکتا ہے اور اس میں تخلیقی عناصر موجود ہیں لیکن یہاں دو قسم کے مسائل کا سامنا ہے: اول یہ کہ انگلش میں اس کی تخلیق کردہ نظم مربوط اور انگلش زبان کے مطابق درست ہے جب کہ مترجمہ نظم میں ایک عمدہ تخلیق کے حوالے سے بہت سے سقم موجود ہیں۔ اب چوں کہ یہ ترجمہ بہ ذاتِ خود مشینی ترجمہ ہے نہ کہ انسانی ترجمہ، اس لیے اس تخلیق کی معیار بندی ایک مشکل مرحلہ ٹھہرتا ہے۔ اس نظم میں تخلیق عناصر کی بات کی جائے تو اس میں ایسی کئی تشبیہات واستعارات کا استعمال کیا گیا ہے، جو نئی بھی ہیں اور دل چسپ بھی۔ ان میں ''چپوؤں کی لہروں سے سرگوشی، خوابوں سے جڑے دریا کا بہنا، قہقہوں کی جنت، تصورات کا صحیفہ، دریا میں زائچہ نویسی، ریت کی سلطنتیں، ننھے ساحر، آنکھوں میں سمندر بھرنا، ہوا کے بکھرے بال، سرکنڈوں کا گیت، سورج کی نگہبانی، امید کا بادبان، آنسو کی طرح دھند میں تحلیل ہونا، وقت کی دھوکا دہی، ماضی کا وقت پر لنگر انداز ہونا'' شامل ہیں۔ دوسری جانب کچھ الفاظ کے تراجم درست نہیں، جنھیں درست کرنے سے تخلیقیت کی مزید گرہیں کھلیں گی مثلاً 'shores' کا ترجمہ 'کنارے' دیا ہے جسے ساحلوں سے تبدیل ہونا چاہیے۔ اسی طرح 'horizons' کا ترجمہ 'افقوں' کیا ہے، اسے آفاق سے تبدیل کرنے کی ضرورت ہے جب کہ تیسرے مصرعے میں 'کنارے' کی نسبت سے 'گونجتے' کی جگہ 'گونجتا' واحد جمع کے مسائل کی نشان دہی کرتا ہے۔

'لیکن لہریں ہٹتی ہیں' پر اس کا اسلوب تبدیل ہو جاتا ہے جسے ماہر مترجم درست سمت دے کر مزید خوبصورت بنا سکتا ہے جب کہ کچھ نئے الفاظ جیسے 'ٹراؤٹ مچھلیاں' اور 'Eddy' جیسے الفاظ جن کا اس نے 'لہراؤ' ترجمہ کیا ہے، کے درست متبادلات کی تلاش کی بھی ضرورت ہے۔ اس ناسٹلجیائی نظم میں فطرت کی منظر نگاری اور انسانی تجربات ساتھ ساتھ چل رہے ہیں جس سے یہ تو پتہ چلتا ہے کہ مصنوعی ذہانت کے پاس بہ ہر حال تشبیہات و استعارات کی کمی نہیں ہے اور یہ اسے درست جگہ پر استعمال کرنے کی کوشش بھی کر رہی ہے اگر چہ اس کا کام ادنیٰ درجے کا ہے۔ یوں یہاں ساسئیر کے نظریات سے ہٹ کر زبان کا ایک خود کار اور یکسر مختلف قسم کا استعمال نظر آتا ہے جہاں لانگ اور پیرول ایک نئی صورت اختیار کر رہے ہیں جب کہ جولیا کی بین المتنیت بھی پہلے سے زیادہ وسیع نظر آ رہی ہے جس میں مصنوعی ذہانت خود کار طریقے سے مختلف زبانوں سے ایک خیال کے ٹکڑے اکٹھے کر کے انھیں موتی کی طرح لڑی میں پروتی جا رہی ہے۔ اس کا اپنا اسلوب نہ ہونا خامی کے ساتھ ساتھ، اس ضمن میں ایک خوبی بھی ثابت ہو رہا ہے۔

مصنوعی ذہانت کی تخلیقی مہارت اور اس بات کو جانچنے کے لیے کہ کیا یہ خود سے سوچ سکتی ہے، ایک اور مشکل کام اس کے سپرد کیا گیا۔ راقم نے میر تقی میر (۱۷۲۳-۱۸۱۰) کا ایک شعر جس میں وہ صبح سے رات تک زندگی کے المیوں پر آہ و زاری کرتے ہیں، پر لطیفہ لکھنے کے لیے کہا۔ یہ عمل نہ صرف شعر کا مفہوم اور بین المتن سمجھے بنا انجام نہیں دیا جا سکتا بلکہ زبان و بیان پر دسترس اور فکری سطح پر ایک خیال کی تحریف نگاری کی صلاحیت مفقود ہونے سے مکمل ہی نہیں ہو سکتا۔ اس ضمن میں گوگل بارڈ/ جمنی کی ابتدائی تخلیقی کاوش کو بلا شبہ سراہا جا سکتا ہے۔ ذیل میں اس سلسلے میں دی گئی کمانڈ اور گوگل بارڈ کی تعمیل ملاحظہ کیجیے جس میں ایک بھی حرف کا رد و بدل نہیں کیا گیا:

یاں کے سپید و سیاہ میں ہم کو دخل جو ہے سو اتنا ہے
رات کو رو رو صبح کیا، اور دن کو جوں توں شام کیا

کمانڈ: ''میر تقی میر کے اس شعر میں انھوں نے اپنی مجبوری، لاچاری اور پریشان حالی کا ذکر کرتے ہوئے کہا ہے کہ وہ بس یہی کر رہے ہیں اور کر سکتے ہیں کہ رات کو روتے ہوئے صبح کریں اور صبح سے روتے ہوئے شام کر دیں۔ اس شعر پر ایک لطیفہ لکھیے۔''

بارڈ/ جمنی:

ایک دفعہ ایک شخص میر تقی میر کے پاس آیا اور ان سے پوچھا، ''میر صاحب، آپ کا یہ شعر بہت ہی خوبصورت ہے، لیکن میں اس کی تفسیر نہیں سمجھ سکتا۔ کیا آپ اس کی تفسیر کر سکتے ہیں؟''

میر نے کہا، ''جی ہاں، میں ضرور تفسیر کر سکتا ہوں۔ اس شعر میں میں نے اپنی مجبوری اور لاچاری کا ذکر کیا ہے۔ میں کہہ رہا ہوں کہ میں اس دنیا میں کچھ نہیں کر سکتا۔ رات کو میں روتا ہوا صبح کرتا ہوں، اور صبح سے روتا ہوا شام کرتا ہوں۔ وہ شخص نے کہا، ''میر صاحب، یہ تو بہت ہی افسوسناک بات ہے۔ لیکن میں ایک چیز سمجھ نہیں پایا۔ آپ رات کو روتے ہوئے صبح کرتے ہیں، تو آپ کو صبح ہوتی کیسے پتہ چلتا ہے؟''

میر نے مسکراتے ہوئے کہا، ''یہ تو ایک لطیفہ ہے۔ میں رات کو روتا ہوا صبح کرتا ہوں، لیکن صبح میں بھی روتا رہتا ہوں۔ اس لیے مجھے صبح ہوتی کیسے پتہ چلے گا؟''

وہ شخص بھی مسکرایا اور بولا، ''میر صاحب، آپ کا یہ لطیفہ بہت ہی مزاحیہ ہے۔''

اس تخلیق میں بلا شبہ مزاح کے عناصر کم ہیں لیکن تخلیقی امکانات بہ ہر حال روشن ہیں۔ درحقیقت دی گئی کمانڈ ادھوری ہے جس میں لطیفے کے حوالے سے واضح ہدایات موجود نہیں ہیں۔ اگر کمانڈ میں واضح کیا جائے کہ یہ لطیفہ دو خواتین، دو مرد، ایک بوڑھے اور جوان یا دو مسافروں کے درمیان ہو اور میر کے دکھ کا سبب ان کی بیوی، محبوبہ یا گلی میں بھونکتا ہوا کتا ہو تو یقیناً نتائج اس سے زیادہ بہتر اور دل چسپ ہوں گے۔ اس ضمن میں کئی تجربات کیے گئے البتہ مذکورہ تجربہ چوں کہ اپنی نوعیت کا ایک مختلف تجربہ تھا، اس لیے اسی کا بیان شامل کیا گیا ہے۔ انسانی ذہن یقیناً اس سے زیادہ بہتر انداز میں سوچ سکتا ہے البتہ جہاں فکر محدود ہونے لگے، وہاں مصنوعی ذہانت سے اس قسم کے خیالات مستعار لینا تخلیق کو بے حد جلا بخشنے کا عمل ہوگا۔ مذکورہ بالا شعر ہی پر ایک اور تخلیقی تجربہ یہ کیا گیا کہ اس شعر کے مفہوم پر ایک افسانہ یا افسانچہ لکھنے کے لیے کہا گیا۔ اس ضمن میں کمانڈ اور اس کی تعمیل ملاحظہ کیجیے جو من و عن پیش کی جا رہی ہے:

کمانڈ: ''اسی شعر کے بارے میں سوچیے کہ میر کی جگہ ایک دودھ پیتا بچہ ہے اور وہ دن رات روتا رہتا ہے، وہ کیا سوچتے ہوئے روتا ہوگا؟ اس پر ایک مختصر افسانہ یا افسانچہ لکھیے۔ افسانچہ تجسس، فلسفہ اور نتیجے کا حامل ہونا چاہیے۔''

بارڈ/جیمنی:

''ایک نومولود بچے کی اداسی''

ایک چھوٹے سے گاؤں میں ایک نومولود بچہ پیدا ہوا۔ بچہ پیدا ہونے کے بعد سے مسلسل رو رہا تھا۔ اس کی ماں اور باپ اسے ہر طرح سے سمجھاتے تھے، لیکن وہ رونا بند نہیں کرتا تھا۔ بچے کی ماں نے ایک دن ایک بزرگ سے مشورہ کیا۔ بزرگ نے بچے کو دیکھا اور کہا، ''یہ بچہ اداسی کا شکار ہے۔ اسے کسی سے اپنی بات کہنے کی ضرورت ہے۔''

بچے کی ماں نے بچے کو اپنے سینے سے لگایا اور اس سے کہا، ''بیٹا، مجھے بتا کہ تو کیوں رو رہا ہے۔ کیا کوئی بات ہے؟'' بچہ نے اپنی ماں سے کہا، ''میں اس دنیا میں کیوں آیا؟ یہ دنیا تو نامکمل اور جلد تباہ ہونے والی ہے۔ مجھے یہاں ہزاروں مشکلات کا سامنا ہوگا۔ میں یہاں کیوں رہوں؟''

بچے کی ماں نے کہا، ''بیٹا، تو اس دنیا میں خوشی اور غم دونوں کا تجربہ کرے گا۔ تو یہاں محبت اور نفرت دونوں کا سامنا کرے گا۔ تو یہاں کامیابی اور ناکامی دونوں کا سامنا کرے گا۔ لیکن تو اس دنیا سے کچھ سیکھے گا اور بڑا ہوگا۔''

بچہ نے اپنی ماں سے کہا، ''لیکن کیا میں اس دنیا میں خوشی پا سکتا ہوں؟''

بچے کی ماں نے کہا، ''بیٹا، خوشی تو تیرے اندر ہے۔ تو خود ہی اپنی خوشی تلاش کر سکتا ہے۔''

بچہ نے اپنی ماں سے کہا، ''میں اپنی خوشی تلاش کروں گا۔''

بچہ اپنی ماں کی باتوں سے متاثر ہوا۔ اس نے رونا بند کر دیا اور سونے لگا۔ اس کے بعد سے بچہ ہر روز اپنی خوشی تلاش کرنے کی کوشش کرتا رہا۔ وہ اپنی ماں اور باپ سے سیکھتا رہا۔ وہ دنیا کو دیکھتا رہا۔ اور آہستہ آہستہ اسے اپنی خوشی ملنے لگی۔ ایک دن بچہ بڑا ہو گیا اور ایک دن وہ ایک بزرگ بن گیا۔ وہ اپنی زندگی میں بہت سی خوشیاں اور غم دیکھ چکا تھا۔ لیکن وہ اس بات سے بھی واقف تھا کہ خوشی تو اس کے اندر تھی۔ وہ اپنے تجربات سے دوسرے لوگوں کو سکھاتا رہا۔ وہ لوگوں کو بتاتا رہا کہ خوشی تو اس کے اندر ہے، اسے خود ہی تلاش کرنا ہوگا۔ لیکن بچے کی ماں اسے بتاتی ہے کہ خوشی تو اس کے اندر ہے۔ اسے خود ہی اپنی خوشی تلاش کرنی ہوگی۔

اس افسانچے کا اختتام نوعمر قارئین کے لیے لکھی گئی کہانیوں کے عامیانہ انداز میں کیا گیا ہے جس میں نتیجہ بھی بتایا جاتا ہے جب کہ صرف ونحو کے مسائل بھی موجود ہیں۔ امالہ کے اصولوں کو کہیں استعمال کیا گیا ہے اور کہیں نہیں اسی لیے 'بچہ' کو کئی مقامات پر 'بچے' سے تبدیل کرنے کی ضرورت ہے؛ البتہ اس افسانچے میں افسانوی اور فلسفیانہ عناصر موجود ہیں، جن میں ''میں اس دنیا

میں کیوں آیا؟ یہ دنیا تو نامکمل اور جلد تباہ ہونے والی ہے۔ مجھے یہاں ہزاروں مشکلات کا سامنا ہو گا۔ میں یہاں کیوں رہوں؟ کیا میں یہاں خوشی پا سکتا ہوں" وغیرہ جب کہ والدہ کے جواب میں "بیٹا تو اس دنیا میں خوشی اور غم دونوں کا تجربہ کرے گا۔ تو یہاں محبت اور نفرت دونوں کا سامنا کرے گا۔ تو یہاں کامیابی اور ناکامی دونوں کا سامنا کرے گا۔ لیکن تو اس دنیا سے کچھ سیکھے گا اور بڑا ہو گا" شامل ہیں۔ ان فلسفیانہ سوالات اور ان کے جوابات سے معلوم ہوتا ہے کہ تحریر میں نا پختگی اور صرف ونحو کے مسائل کے باوجود مصنوعی ذہانت کے پاس فکری مواد بہ ہر حال موجود ہے۔

یہ دیکھنے کے لیے کہ کیا مصنوعی ذہانت انگلش اور اردو میں ایک ہی کمانڈ کے تحت ایک جیسے نتائج دیتی ہے یا یکسر مختلف، چیٹ جی پی ٹی کو اوپر دی گئی اردو کمانڈ کو انگلش میں دہرایا گیا۔ جواباً اس نے جو افسانچہ پیش کیا، اس کا ترجمہ بھی اسی سے کروایا گیا تا کہ بہتر انداز میں دیکھا جا سکے کہ یہ اپنی باتوں کو دہرا رہی ہے یا تخلیقی شعور کے تحت کچھ نیا، یکسر نیا، ترمیم یا اضافہ شدہ تخلیق کر رہی ہے اور مزید یہ کہ بارڈ کے نتائج اس سے کس حد تک مختلف ہیں؟ نتیجتاً جو کہانی سامنے آئی وہ نہ صرف اس کی تخلیقی شعور کی نمائندہ ہے بل کہ اس سے یہ بھی ثابت ہوتا ہے کہ یہ ایک سے جوابات دہرانے کے بجائے کچھ نیا کرنے کی کوشش کر رہی ہے۔ ملاحظہ کیجیے۔

کمانڈ:

Write a short story about a newborn baby who, despite continuously crying since coming into the world, is so tiny that it cannot express its feelings to anyone. The baby weeps, questioning why it entered a world that is inherently incomplete and on the verge of destruction, anticipating numerous challenges ahead. The narrative should incorporate elements of curiosity, philosophy, and the eventual outcome.

چیٹ جی پی ٹی:

Once upon a time, in a quiet corner of the world, a newborn baby arrived with tears streaming down its tiny face. From the very moment it entered the world, it seemed as though its cries were ceaseless, echoing in the small room. The baby was so small that even its cries were barely audible, and it lay there, unable to express its emotions to the world.

As the days went by, the tiny baby continued to weep. It looked up at the vast expanse of the world with innocent eyes, questioning the circumstances that brought it into a place so incomplete and seemingly on the brink of destruction. The baby, in its newfound existence, pondered the purpose of its arrival, wondering why it had become a part of a realm fraught with challenges and uncertainties. In the midst of its tiny cries, the baby's curiosity grew. It stared at the surrounding faces, hoping to find solace or perhaps an answer to the questions that lingered in its infant mind. The world, to the baby, appeared both fascinating and perplexing, filled with complexities that it was too young to comprehend.

Days turned into nights, and the tiny being continued its philosophical contemplation. The baby, despite its size, harbored a deep sense of wonder about the world it had entered. It questioned the very essence of existence and the purpose behind its presence in a world that seemed both beautiful and broken. As the baby's cries persisted, a subtle transformation began to unfold. Those around the tiny being, touched by the innocence of its tears, embraced it with love and care. The once inconsolable cries gradually subsided, replaced by the warmth of human connection.

In the end, the tiny baby, who had entered the world with questions and tears, found solace in the arms of those who cared for it. The challenges that lay ahead seemed less daunting when faced with the support of those who had embraced the little one. And so, the story of the tiny baby, born into a world of uncertainties, unfolded with a message of hope, resilience, and the transformative power of love.

ترجمہ از گوگل بارڈ/ جمنی:

ایک زمانے میں، دنیا کے ایک خاموش کونے میں، ایک نومولود بچہ آنسوؤں سے بھرا ہوا چہرہ لیے دنیا میں آیا۔ جس لمحے اس نے دنیا میں قدم رکھا، یہ ایسا لگتا تھا کہ اس کے رونے بند نہیں ہوں گے، چھوٹے سے کمرے میں گونجتے رہیں گے۔ بچہ اتنا چھوٹا تھا کہ اس کے رونے بھی مشکل سے ہی سنے جاتے تھے، اور وہ وہاں بے بس پڑا تھا، دنیا کے سامنے اپنے جذبات کا اظہار کرنے سے قاصر تھا۔

جیسے جیسے دن گزرتے گئے، چھوٹا بچہ روتا رہا۔ وہ معصوم آنکھوں سے دنیا کے وسیع گھیرے کو دیکھتا، ان حالات پر سوال اٹھاتا جنہوں نے اسے ایک ایسی جگہ میں لا کھڑا کیا تھا جو اتنی ادھوری اور تباہی کے دہانے پر تھی۔ بچہ، اپنی نئی زندگی میں، اپنی آمد کی غرض پر غور کرتا، سوچتا کہ وہ کیوں ان چیلنجوں اور عدم یقینی سے بھرے دائرے کا حصہ بن گیا ہے۔ اپنے چھوٹے چھوٹے رونوں کے درمیان، بچے کا تجسس بڑھتا گیا۔ وہ آس پاس کے چہروں کو دیکھتا، یہ امید رکھتا کہ شاید کچھ تسلی ملے یا شاید اس کے بچے ذہن میں گردش کرتے سوالوں کا کوئی جواب ملے۔ بچے کے لیے، دنیا بہت ہی دلکش اور گم کرنے والی لگتی تھی، پیچیدگیوں سے بھری ہوئی جنہیں سمجھنے کے

لیے وہ بہت چھوٹا تھا۔ دن رات میں بدل گئے، اور چھوٹے سے وجود نے اپنی فلسفیانہ غور وفکر جاری رکھی۔ بچہ، اپنے قدوقامت کے باوجود، اس دنیا کے بارے میں حیران تھا جس میں اس نے قدم رکھا تھا۔ اس نے وجود کے اصل پر اور اس دنیا میں اپنی موجودگی کے پیچھے کے مقصد پر سوال اٹھائے جو خوبصورت اور ٹوٹے دونوں طرح کی محسوس ہوتی تھی۔

بچے کے رونے کے ساتھ ہی ایک لطیف تبدیلی رونما ہونا شروع ہوئی۔ چھوٹے سے وجود کے آس پاس موجود لوگ، اس کے آنسوؤں کی معصومیت سے متاثر ہو کر، اسے پیار اور دیکھ بھال سے جگہ دیتے گئے۔ کبھی نہ ختم ہونے والے رونا آہستہ آہستہ کم ہو گئے، انسانی رشتے کی گرمی سے بدل گئے۔ آخر میں، چھوٹا بچہ، جو سوالات اور آنسوؤں کے ساتھ دنیا میں آیا تھا، اس کی دیکھ بھال کرنے والوں کی آغوش میں تسلی تلاش کر لی۔ آگے آنے والے چیلنجز ان لوگوں کی حمایت سے کم خوفناک لگتے تھے جنہوں نے چھوٹے سے انسان کو گلے لگا لیا تھا۔ اور یوں، عدم یقینی کی دنیا میں پیدا ہونے والے چھوٹے بچے کی کہانی، امید، لچک، اور محبت کی تبدیلی کی طاقت کے ایک پیغام کے ساتھ کھلی۔

اس افسانچے میں پہلے تخلیق کیے گئے افسانچے سے تخلیقی حوالے سے فرق موجود ہے البتہ دونوں میں کمانڈ چوں کہ تقریباً ایک سی ہی دی گئی تھیں، اس لیے موضوعی سطح پر یکسانیت دکھائی دے رہی ہے۔ اس اقرار کے ساتھ کہ اس افسانچے میں ایسے کئی سقم موجود ہیں جیسے ابتدائی کہانی کار اپنی کہانیوں میں چھوڑتے ہیں اور اس کے ترجمے کو تدوین و ترمیم کی ضرورت بھی ہے، تین باتیں مدنظر رہنی چاہیں: ایک تو یہ کہ اسے مفت ورژن میں تخلیق کیا گیا ہے، دوسری یہ کہ اگر اس کا انسانی ترجمہ کیا جائے تو افسانے میں صرف ونحو اور درست معنویت کے مسائل حل ہو سکتے ہیں۔ مثلاً 'ایک زمانے میں' کی جگہ 'ایک دفعہ کا ذکر ہے کہ'، دنیا کے 'وسیع گھیرے' کی جگہ دنیا کے 'طول و عرض یا فضائے بسیط'، 'رونے بند نہیں ہوں گے' کی جگہ 'آہ وزاری، یا رونا بند نہیں ہوگا' وغیرہ۔ اور تیسری یہ کہ مصنوعی ذہانت کے بانیان سے اردو کی اصناف ادب، ان کی ہیئت اور تکنیک پر بات کرنے، اس حوالے سے درست الگورتھم مہیا کرنے اور توجہ دلانے کی شدید ضرورت ہے تا کہ یہ بہتر انداز میں اپنا کام سرانجام دے سکے۔ اس کی خوبیوں کا ذکر کیا جائے تو اس میں بہ ہر حال فکری عناصر موجود ہیں جیسے وہ ان حالات پر سوال اٹھاتا جنہوں نے اسے ایک ایسی جگہ میں لا کھڑا کیا تھا جو اتنی ادھوری اور تباہی کے دہانے پر تھی۔ بچہ، اپنی نئی زندگی میں، اپنی آمد کی غرض پر غور کرتا،

سوچتا کہ وہ کیوں ان چیلنجوں اور عدم یقینی سے بھرے دائرے کا حصہ بن گیا ہے۔ دوسری خاصیت یہ ہے کہ اس قسم کی تحاریر ایسے مواقع پر جب کہ قلم کار کے قلم پر جمود (writer's block) طاری ہو، لکھنے میں مدد دے سکتی ہیں۔ اس وقت دنیا کی کتب کی سب سے بڑی منڈی ایمازون کنڈل (Amazon Kindle) پر بہت سی کتب مصنوعی ذہانت بالخصوص چیٹ جی پی ٹی کی مدد سے تخلیق کر کے رکھی گئی ہیں اور ان کی تعداد میں روز افزوں اضافہ ہو رہا ہے۔ محض تحریری ہی نہیں، تصویری کتب بھی اس کی مدد سے تیار کی جارہی ہیں اور اس ضمن میں بچوں کا ادب جس میں تحریر و تصویر دونوں کی ضرورت پڑتی ہے، کو بڑی سرعت اور خوبصورتی سے تیار کیا جا رہا ہے۔

افسانچے کی مذکورہ بالا مثال میں چیٹ جی پی ٹی کے مفت ورژن کی کارکردگی کا ذکر کیا گیا ہے۔ ذیل میں قیمتاً قابلِ استعمال چیٹ جی پی ٹی 4 سے بھی ایک مشکل تخلیقی تجربہ کروایا گیا تا کہ اس کے تخلیقی امکانات کو زیرِ غور لایا جائے۔ شاعری کی نقل آسان عمل نہیں ہے۔ ایسی صورت میں جب کہ کسی خاص موضوع پر شاعر کے اسلوب کو اپناتے ہوئے شاعری کی تخلیق مقصود ہو تو یہ تجربہ اور بھی مشکل ہو جاتا ہے۔ اس ضمن میں جو تجربہ کیا گیا ہے وہ انسانی ذہانت، جذبات نگاری، صنائع بدائع اور عروضی حوالے سے بالکل ادنیٰ درجے پر کھڑا نظر آتا ہے البتہ مستقبل قریب میں اس کی کامیابی کے امکانات بھی موجود ہیں۔ ذیل میں علامہ اقبال (۱۸۷۷-۱۹۳۸) کے حوالے سے کمانڈ اور اس کے نتائج ملاحظہ کیجیے:

کمانڈ: ''اگر علامہ اقبال آج زندہ ہوتے تو فلسطین میں مسلمانوں پر جس طرح ظلم ہو رہا ہے، اس کے بارے میں کیسی نظم لکھتے۔ ان ہی کی طرز پر ایک نظم تحریر کیجیے۔''

چیٹ جی پی ٹی ۴:

اگر علامہ اقبال، جو اپنے دور کے عظیم شاعر، فلسفی اور سیاسی رہنما تھے، آج زندہ ہوتے اور فلسطین میں مسلمانوں پر ہونے والے ظلم کو دیکھتے، تو وہ اپنے خاص انداز میں ایک گہری اور معنی خیز نظم کے ذریعے اس موضوع پر بات کرتے۔ علامہ اقبال کی شاعری میں امید، خودی کا احساس، اور جد و جہد کے موضوعات عام ہیں، لہٰذا ان کی طرز پر ایک نظم میں یہی عناصر شامل ہوں گے۔ یہاں ایک کوشش ہے کہ علامہ اقبال کی طرز پر فلسطین میں مسلمانوں کی صورتحال پر ایک نظم لکھی جائے:

بانگِ درا سے ایک نئی صدا
وہ دھرتی جو کبھی امن کا گہوارہ تھی
اجڑی، بکھری، سوگوار پڑی ہے۔
فلسطین کی وادیوں میں، جہاں خون کی روشنی،
علم کے شعلوں کو دھیما کر دی ہے۔
اے قومِ مسلم، کہاں ہے تیری خودی؟
کہاں ہے وہ جرات، وہ ہمت، وہ پیہم دعا؟
جو قدس کے سنگین گلیاروں میں،
آزادی کے نغمہ سرا ہوا کرتی تھی۔

یہ زمین، جو ستاروں سے بھی پیاری ہے،
کیوں ہر روز مظلوم کی آہوں سے سیراب ہوتی ہے؟
اقبال کا شاہین، اب بھی بلندی پہ ہے،
پر کیوں اس کی نگاہ میں فقط غم کا عکس ہوتا ہے؟
ایک نئی صبح کی آمد ہے،
جب ہر مسلم، خودی کو پہچانے،
فلسطین کے حالات پر نہ صرف آنسو بہائے،
بلکہ عمل سے بھی جواب دے۔

اے میرے قلم کے ساتھیو، آؤ اُٹھو،
خوابوں سے باہر آ کر دیکھو،
زمین پہ جنت نشان کی تعمیر کے لیے،
ہر قلم کو جدوجہد کی سیاہی میں ڈبو۔
چلو، اپنے افکار سے نئے عالم بسائیں،
جہاں انصاف کی دیواریں مضبوط ہوں،
اور ہر زبان پہ حق کی بات رواں دواں ہو۔
نہ ہو کسی ماں کی آنکھ میں آنسو،

نہ ہو کسی بچے کی مسکان پہ خوف کا سایہ،
فلسطین کی ہر گلی، ہر کوچہ،
امن کی خوشبو سے مہک اٹھے۔

چیٹ جی پی ٹی 4 نے نظم کی تخلیق سے قبل علامہ محمد اقبال کی فکر پر جو مختصر بیان دیا ہے، اس سے اندازہ ہوتا ہے کہ وہ فکرِ اقبال سے آگاہ ہے۔ ایک ایسا شاعر جسے دنیا سے رخصت ہوئے چھیاسی سال کا عرصہ بیت چکا ہے، ان کی طرز میں عصرِ حاضر کی حسیت کے مطابق کسی واقعے پر نظم نگاری کرنا یقیناً انسانی ذہانت کے لیے بھی ایک چیلنج کی حیثیت رکھتا ہے۔ نظم کے حوالے سے بات کی جائے تو اس نثری نظم کے پہلے چار مصرعے تو نظم کا خوبصورت آغاز ثابت ہوتے ہیں چھٹے مصرعے میں 'پیہم کی دعا' کی بجائے 'عمل پیہم' ہوتا تو بات کچھ واضح ہو سکتی تھی، اسی طرح 'گلیاروں' کو کوچہ و بازار یا گلی کوچے سے تبدیل کیا جا سکتا ہے جس سے معنویت اور شعریت دونوں حوالوں سے بہتری کا امکان موجود ہے۔ 'مظلوم کی آہوں سے سیراب ہونا' شعریت سے خالی نہیں ہے جب کہ پانچواں، چھٹا اور گیارھواں، بارھواں مصرعہ مسلم ضمیر کو جھنجھوڑنے کی ایک کوشش کے روپ میں دیکھا جا سکتا ہے جہاں یہ علامہ اقبال کے اسلوب اور فکر کے کچھ کچھ قریب جاتا ہے۔ مصرعہ نمبر پندرہ سولہ بھی تحریک دینے والے ہیں۔ ایک ویب سائٹ عروض ڈاٹ کام پر ایک کمپیوٹر پروگرامر ایک ایسا الگورتھم ترتیب دے چکا ہے جس کی مدد سے کسی بھی شعر کی تقطیع کی جا سکتی ہے اور اپنے شعر کا وزن تولا جا سکتا ہے جب کہ وہاں اشعار کو باوزن بنانے کے لیے رائے بھی دی جاتی ہے۔ راقم کی پروگرامر سے تفصیلی گفتگو کے نتیجے میں معلوم ہوا تھا کہ فاعلات/ افاعیل کا وزن حروف کی حرکت یا سکون کو مدنظر رکھتے ہوئے ایک یا دو تفویض کرتے ہوئے ایک ریاضیاتی الگورتھم ایجاد کیا گیا ہے جس کی مدد سے شعر کا درست وزن نکلتا ہے۔ راقم نے خود بھی اس پر تجربات کیے تھے اور نتائج نوے فیصد سے زیادہ درست نکلے تھے۔ اس کا مطلب یہ ہے کہ یہ الگورتھم ابھی چیٹ جی پی ٹی یا گوگل جمنی کے پاس موجود نہیں ہے یا ان کے بانیان کی تا حال اس جانب توجہ ہی نہیں دلائی گئی۔ بہ صورتِ دیگر جس طرح یہ مصنوعی ذہانت انگلش وغیرہ میں نظم کو باوزن اور صوتی آہنگ کے ساتھ کہنے پر قادر ہے، یقیناً اردو میں بھی باوزن شعر کہنے پر قادر ہو جائے گی۔ اس میں کتنا عرصہ لگے گا، اس کا انحصار اس بات پر ہے کہ کس قدر جلد اس کے بانیان کی توجہ اس جانب دلائی جاتی ہے۔ بہ ہر حال یہ بات طے ہے کہ یہ قیمتاً مستعمل چیٹ جی پی ٹی 4 بھی تا حال باوزن

شعر کہنے پر قادر نہیں ہے۔

قیمتاً مستعمل چیٹ جی پی ٹی 4 کے ساتھ ایک اور تجربہ، کردار اور پلاٹ کی تخلیق کے حوالے سے کیا گیا، جو بہت حد تک کامیاب رہا۔ یہ نہ صرف کسی صورتِ حال میں کردار تخلیق کرنے میں مہارت رکھتی ہے بلکہ اس کردار کی تصویر اور پس منظر مہیا کرنے پر بھی عبور رکھتی ہے۔ ذیل میں اسے علامہ محمد اقبال کے حوالے سے محض ایک سطر کی صورتِ حال دی گئی جس میں وہ حالتِ غم و اضطراب میں بیٹھے ہوئے یہودیوں کو مسلمانوں پر ظلم کرتا دیکھ رہے ہیں۔ اتنی سی کمانڈ ایک کردار کی منظر و جزئیات نگاری اور صورتِ واقعہ کے بیان کے لیے ہرگز ناکافی ہے؛ لیکن اس کے نتائج واقعتاً دل چسپ اور حیران کن تھے۔ اس نے علامہ اقبال کے زمان و مکان کی منظر تصویر کشی کرتے ہوئے ہر ممکن جزئیات مہیا کیں۔ ابھی چوں کہ کمانڈ مختصر تھی اس لیے اس کی جانب سے تخلیق کیا گیا کردار اور پس منظر بھی مختصر ہے۔ ملاحظہ کیجیے:

کمانڈ:

Allama Iqbal, sitting sad watching Palestine Muslims under the oppression of Jews.

کرداری تشکیل چیٹ جی پی ٹی ۴:

Imagine a scene set in the early 20th century, with Allama Iqbal, the revered poet and philosopher, depicted in a contemplative pose. He is sitting alone on a traditional Persian carpet in a room that opens to a balcony, offering a view of a sunset that casts long shadows, symbolizing the fading hope or the challenging times. Iqbal is portrayed wearing traditional attire, reflecting his cultural identity, with his face marked by a deep sadness and concern. His eyes, directed towards the horizon, mirror a profound empathy and sorrow for the suffering of people. The surrounding environment subtly incorporates elements that suggest the context of Palestine, such as olive trees in the distance or a book on the table beside him that hints at the rich history and current turmoil of the region, without showing any direct oppression or conflict. This scene aims to evoke a sense of reflection on the broader themes of empathy, sorrow, and the longing for justice and peace.

ترجمہ از گوگل بارڈ/جمنی:

تصور کریں، بیسویں صدی کے اوائل کا ایک منظر، جس میں بلند پایہ شاعر اور فلسفی، علامہ اقبال، غور وفکر کی حالت میں بیٹھے ہوئے ہیں۔ وہ اکیلے ایک ایرانی قالین پر بیٹھے ہیں، جس کمرے کا دروازہ بالکونی کی طرف کھلتا ہے، جہاں سے غروبِ آفتاب کا نظارہ ہورہا ہے جو لمبے سائے ڈال رہا ہے، جو امید کی کمی یا مشکل دور کی علامت ہے۔ اقبال اپنے ثقافتی ورثے کی عکاسی کرتے ہوئے، روایتی لباس زیب تن کیے ہوئے ہیں، ان کے چہرے پر گہری اداسی اور فکرمندی ہے۔ ان کی آنکھیں، جو اُفق کی طرف لگی ہوئی ہیں، لوگوں کے دکھوں کے لیے ان کی گہری ہمدردی اور غم کو ظاہر کرتی ہیں۔ اردگرد کا ماحول فلسطین کے سیاق وسباق کو ظاہر کرنے والے عناصر کو لطیف طریقے سے شامل کرتا ہے، جیسے دور میں زیتون کے درخت یا ان کے پاس میز پر رکھی ایک کتاب جو اس خطے کی امیر تاریخ اور موجودہ ہنگاموں کی طرف اشارہ کرتی ہے، بغیر کسی براہِ راست ظلم یا جھگڑے کو دکھائے۔ اس منظر کا مقصد ہمدردی، غم، اور انصاف اور امن کی تڑپ جیسے وسیع تر موضوعات پر غور وفکر کو ابھارنا ہے۔

محض ایک سطر پر اس طرح کردار کی جزئیات نگاری کرنا چیٹ جی پی ٹی 4 یعنی قیمتاً مستعمل ہی کا خاصا ہے۔ یہ دیکھنے کے لیے کہ یہ پلاٹ کی تخلیق میں کس طرح مدد دے سکتی ہے اس سے سوال کیا گیا کہ کیا یہ پلاٹ تخلیق کر سکتی ہے؟ جواباً اس نے مثال کے ساتھ سادہ اور پیچیدہ پلاٹ مہیا کیے۔ چوں کہ اسے پلاٹ کی ضروریات اور جزئیات کے بارے میں بتایا نہیں گیا تھا بلکہ محض سوال دریافت کیا گیا تھا کہ یہ ایسا کر سکتی ہے یا نہیں۔ اس لیے اس ضمن میں اس کا اپنا جواب ملاحظہ کیجیے:

جی ہاں، میں کسی کہانی یا ناول کا پلاٹ تخلیق کر سکتا ہوں۔ میں آپ کی مدد کرنے میں خوش ہوں گا۔

ایک سادہ پلاٹ: 1۔ ایک نوجوان لڑکی اپنے خاندان کے ساتھ ایک چھوٹے سے قصبے میں رہتی ہے۔2۔ وہ ایک دن ایک جادوئی کتاب تلاش کرتی ہے جو اسے ایک اور دنیا میں لے جاتی ہے۔3۔ اسے اس دنیا میں اپنے راستے کا پتہ لگانا ہوگا اور اپنے گھر واپس جانے کا راستہ تلاش کرنا ہوگا۔

ایک پیچیدہ پلاٹ: 1۔ ایک گروپ سائنسدان ایک نیا ٹائم مشین تیار کرتے ہیں۔2۔ وہ اسے ماضی میں جانے کے لیے استعمال کرتے ہیں اور حادثاتی طور پر تاریخ کو تبدیل کر دیتے ہیں۔3۔ انہیں اب مستقبل کو ٹھیک کرنے اور دنیا کو تباہی سے بچانے کا راستہ تلاش کرنا ہوگا۔

آپ کے لیے ایک پلاٹ: آپ مجھے اپنے پسندیدہ موضوعات، کرداروں، اور ترتیبات کے بارے میں بتا سکتے ہیں۔ میں آپ کے لیے ایک پلاٹ تیار کروں گا جو آپ کی ضروریات کو پورا کرتا ہے۔ میں آپ کی مدد کرنے کے لیے درج ذیل وسائل استعمال کر سکتا ہوں:

1۔ میرا علم اور تخیل۔2۔ میرے پاس موجود ڈیٹا اور معلومات۔3۔ آپ کی فراہم کردہ معلومات میں آپ کے لیے ایک پلاٹ تیار کرنے کے لیے درج ذیل اقدامات اٹھا سکتا ہوں:

1۔ میں آپ کے ساتھ اپنے خیالات پر تبادلہ خیال کروں گا۔ میں آپ کے لیے مختلف پلاٹ کے خاکے تیار کروں گا۔

2۔ میں آپ کے ساتھ مل کر ایک حتمی پلاٹ منتخب کروں گا۔ میں آپ کے لیے ایک تفصیلی پلاٹ تیار کروں گا۔

میں آپ کی درج ذیل طریقوں سے مدد کر سکتا ہوں: 1۔ میں آپ کو اپنے کرداروں اور ترتیبات کو تیار کرنے میں مدد کر سکتا ہوں۔2۔ میں آپ کو اپنے پلاٹ میں تناؤ اور کشش پیدا کرنے میں مدد کر سکتا ہوں۔ 3۔ میں آپ کو اپنے پلاٹ کو اختتام تک پہچانے میں مدد کر سکتا ہوں۔

میں آپ کے ساتھ مل کر کام کرنے اور آپ کے لیے ایک بہترین کہانی یا ناول بنانے کے لیے پرجوش ہوں۔ براہ کرم مجھے بتائیں کہ آپ کیا چاہتے ہیں۔

مصنوعی ذہانت کی مذکورہ صلاحیتوں کو مدنظر رکھتے ہوئے اس سے مختلف صورتِ واقعہ

کے تحت پلاٹس تخلیق کروائے گئے جن کے نتائج زیادہ حوصلہ افزا نہیں تھے۔اس نے کردار اور پلاٹ تو تخلیق کیے، لیکن یا تو ان میں ابتدائی نوعیت کے لکھاریوں والی ناپختگی تھی یا وہ بہت زیادہ دہرائے گئے تھے۔ مثلاً اس کمانڈ پر ''کہانی کا پلاٹ لکھیے۔ایک ڈاکیا جو معاشرتی جبر کی وجہ سے خود محبت میں ناکام رہتا ہے۔لوگوں کے محبت کے خط چوری کرتا ہے اور ان کے گھروں تک نہیں پہنچاتا۔ اس میں درد و غم، مجبوری اور جبر ہو۔ اس نے زینب اور اکرم کا پلاٹ تخلیق کیا، اکرم کی غربت کی وجہ سے اس کی زینب سے شادی نہ ہونا وغیرہ کو بھی بیان کیا لیکن اس روایتی کہانی میں کچھ بھی نیا نہ تھا۔اب یہاں اس کے دو تخلیقی امکانات پر بات ہو سکتی ہے۔اول تو یہ کہ اس کے بیان کیے گئے کردار پر بار بار مزید جزئیات نگاری کی کمانڈ دی جائے، تا کہ کردار کے اوصاف مزید کھل کر سامنے آئیں اور وہ کہانی میں بہتر انداز میں شامل ہو سکے۔ ایسا ایمازون پر مختصر کہانیاں، افسانے بیچنے والے کر رہے ہیں۔دوسرا یہ کہ طویل کہانی کے لیے اس کے پلاٹ کے ہر جز کو مزید تفصیل کے لیے کمانڈ دی جائے اور ایک آٹھ سے دس صفحات کی کہانی تیار کی جائے، پھر اس کے اجزا میں تطبیق کر کے انسانی ذہانت کے ذریعے مکمل ہیولہ تیار کیا جائے۔ یہ کام یقیناً مشکل تو نہیں لیکن وقت طلب ضرور ہے اور ایسے افراد جو اس میدان میں نئے ہیں، ان کے لیے ذہنی کوفت کا سبب بن سکتا ہے۔اس کے تخلیقی امکانات کے حوالے سے پلاٹ کے ضمن میں مزید ایک تجربہ درج ذیل ہے۔

کمانڈ: ''مجھے ایک کہانی کا پلاٹ درکار ہے۔ پس منظر یہ ہے کہ ایک شخص تقسیمِ ہندوستان کے وقت اپنا بچہ کھو چکا ہے، اسے نہیں معلوم کہ وہ زندہ ہے یا مردہ۔ وہ اور اس کے گھر والے بہت رنجیدہ ہیں۔اب کچھ لوگ یہاں سے ہجرت کر کے جا رہے ہیں۔ وہ ان سے انتقام لینا چاہتا ہے۔''

چیٹ جی پی ٹی:

عنوان: کھوئے ہوئے بچے کا انتقام

پلاٹ:

تعارف: 1۔ایک شخص، جس کا نام اکرم ہے، تقسیمِ ہندوستان کے وقت اپنا بچہ کھو دیتا ہے۔

2۔وہ اور اس کے گھر والے بہت رنجیدہ ہیں۔

3۔ وہ اپنے بچے کے بارے میں کچھ نہیں جانتے، یہاں تک کہ وہ زندہ ہے یا مردہ۔
جسٹس (انصاف): 1۔ کچھ لوگ، جنہوں نے اکرم کے بچے کو اغوا کیا تھا، اب ہجرت کر کے جا رہے ہیں۔
2۔ اکرم ان سے انتقام لینا چاہتا ہے۔
3۔ وہ ان لوگوں کو تلاش کرنے اور ان سے بدلہ لینے کا فیصلہ کرتا ہے۔
تلاش: 1۔ اکرم ان لوگوں کو تلاش کرنے کے لیے سفر پر نکلتا ہے۔
2۔ وہ راستے میں بہت سی مشکلات کا سامنا کرتا ہے۔
3۔ وہ آخر کار ان لوگوں کو تلاش کرنے میں کامیاب ہو جاتا ہے۔
انتقام: 1۔ اکرم ان لوگوں سے بدلہ لینے کا فیصلہ کرتا ہے۔
2۔ وہ ان کے ساتھ لڑتا ہے اور انہیں شکست دیتا ہے۔
3۔ وہ اپنے بچے کی موت کا بدلہ لیتا ہے۔
اختتام: 1۔ اکرم اپنے بچے کی موت کا غم نہیں بھول سکتا۔
2۔ وہ اپنے بچے کی یاد میں ایک یادگار بناتا ہے۔
3۔ وہ اپنی زندگی اپنے بچے کی یادوں کے ساتھ گزارتا ہے۔
کردار: 1۔ اکرم: ایک شخص جو اپنے کھوئے ہوئے بچے کا انتقام لینا چاہتا ہے۔
2۔ اکرم کا بچہ: ایک بچہ جو تقسیمِ ہندوستان کے وقت کھو جاتا ہے۔
3۔ ہجرت کرنے والے لوگ: وہ لوگ جنہوں نے اکرم کے بچے کو اغوا کیا تھا۔
ترتیب: 1۔ تقسیمِ ہندوستان کا وقت۔
2۔ ہندوستان اور پاکستان
تناؤ: 1۔ اکرم اپنے بچے کے کھو جانے سے بہت رنجیدہ ہے۔
2۔ وہ ان لوگوں سے انتقام لینا چاہتا ہے جنہوں نے اس کے بچے کو اغوا کیا تھا۔
کشش: 1۔ قارئین یہ جاننے کے لیے بے تاب رہتے ہیں کہ اکرم اپنے بچے کو تلاش کرنے میں کامیاب ہو گا یا نہیں۔
2۔ وہ یہ بھی جاننا چاہتے ہیں کہ وہ ان لوگوں سے بدلہ لینے میں کامیاب ہو گا یا نہیں۔
اختتام: 1۔ کہانی کا اختتام اکرم کے بچے کی موت کے غم کے ساتھ ہوتا ہے۔

2۔ یہ ایک المناک کہانی ہے جو تقسیمِ ہندوستان کے المیے کو بیان کرتی ہے۔
یہ صرف ایک بنیادی پلاٹ ہے۔ آپ اس میں اپنی مرضی کے مطابق تبدیلیاں کر سکتے ہیں۔

کیا آپ چاہتے ہیں کہ میں اس پلاٹ کو مزید تفصیل سے لکھوں؟

اس پلاٹ کی کمانڈ دیتے ہوئے راقم کے ذہن میں احمد ندیم قاسمی (۱۹۱۶-۲۰۰۶) کا افسانہ 'پرمیشر سنگھ' تھا۔ چیٹ جی پی ٹی کا مہیا کیا گیا پلاٹ کچھ کچھ اس کے قریب ہے البتہ سادہ پلاٹ نہیں ہے۔ اس کے اختتام پر اس نے مزید تفصیل مہیا کرنے کی بابت دریافت کیا ہے۔ جب مزید تفصیل طلب کی گئی تو یہ پلاٹ افسانے سے بڑھ کر ایک ناولٹ کا پلاٹ بن گیا۔ موجودہ پلاٹ میں چوں کہ بچے کی موت کا ذکر نہیں تھا اس لیے اس کا انتخاب خود مصنوعی ذہانت نے کیا ہے۔ 'جسٹس' کے عنوان سے اس نے باپ کے انتقام کے جذبے کو واضح کیا ہے۔ یہ سرخی اردو پلاٹ کا حصہ نہیں ہوتی۔ اردو میں عموماً پلاٹ کے بنیادی اجزا میں آغاز، وسط/عروج، نزول، اختتام اور کردار شامل ہوتے ہیں۔ اس نے پلاٹ کو 'تعارف' سے جو کہ اصل میں آغاز ہی ہے، سے شروع کر کے جسٹس، تلاش، تناؤ، انتقام، اختتام اور کرداروں میں تقسیم کیا ہے۔ یہ پلاٹ قلم کار کو لکھنے میں مزید سہولت مہیا کرتا ہے۔ اس لیے اس پلاٹ کو ایک مناسب پلاٹ کہا جا سکتا ہے۔

اردو کے غیر افسانوی نثر کی بات کی جائے تو مصنوعی ذہانت اس حوالے سے بہتر کام کر رہی ہے۔ غلطی کرنے کی صورت میں اصلاح کی کمانڈ دیں یا اسے باور کرائیں کہ اس نے کیا غلطی کی ہے تو یہ بنا کسی تکلف کے چند ہی سیکنڈ میں تحریر کو از سرِ نو درست کر دیتی ہے۔ یہ چوں کہ جذبات سے عاری ہے اس لیے اپنی تحریر پر اصلاح کے مشورے پر ناراض نہیں ہوتی، تھکتی نہیں، جان نہیں چھڑاتی اور ایک ہی کمانڈ جتنی بھی باری دیں، جواب دیتی رہتی ہے۔ غیر افسانوی نثر کی تخلیق کے سلسلے میں اسے سفرنامہ، آپ بیتی، روئیداد کے حوالے سے متعدد کمانڈز دی گئیں اور ہر بار اس نے بہتر کام کیا۔ انھی کمانڈز میں سے ایک کمانڈ ایک اینٹ کی آپ بیتی لکھنے کی بھی دی گئی۔ یہ کمانڈ چوں کہ اردو میں دی گئی تھی اس لیے تذکیر و تانیث کی چند کوتاہیوں کے ساتھ اس نے اس حوالے سے جو کاوش کی، وہ قابلِ ستائش ہے۔ اس کی ایک جھلک ملاحظہ کیجیے:

ایک اینٹ کی آپ بیتی: میں ایک اینٹ ہوں، ایک چھوٹا سا پتھر جو مٹی، ریت اور پانی سے بنایا گیا ہے۔ میں ایک چھوٹے سے کارخانے میں پیدا ہوتا ہوں، جہاں مجھے ایک مشین کے

ذریعے سائز اور شکل دی جاتی ہے۔ میں اپنی زندگی کا آغاز ایک بھاری ٹرک میں کرتا ہوں، جو مجھے ایک تعمیراتی سائٹ پر لے جاتا ہے۔ وہاں، مجھے دیگر اینٹوں کے ساتھ مل کر ایک بڑے عمارت میں رکھا جاتا ہے۔ میں ایک اہم کردار ادا کرتا ہوں۔ میں عمارت کو مضبوط اور مستحکم بناتا ہوں، اور میں اسے موسمی حالات سے بچاتا ہوں۔ میں ایک طویل سفر طے کرتا ہوں۔ میں اپنے پیدا ہونے کے مقام سے تعمیراتی سائٹ تک، اور پھر عمارت کے اندر سفر کرتا ہوں۔ میں اپنے سفر میں بہت سے لوگوں کو دیکھتا ہوں، اور میں ان کے کام کو دیکھ کر حیران رہ جاتا ہوں۔ آخر میں، میں ایک مکمل عمارت کا حصہ بن جاتا ہوں۔ میں اپنے کام پر فخر کرتا ہوں، اور میں جانتا ہوں کہ میں نے انسانی زندگی کو بہتر بنانے میں مدد کی ہے۔

میں کہاں سے آیا؟ میں ایک چھوٹے سے کارخانے میں پیدا ہوا، جو مٹی، ریت اور پانی سے اینٹیں بناتا ہے۔ میرا پیدا ہونا ایک پیچیدہ عمل ہے، جو مشینوں اور انسانوں دونوں کی مدد سے ہوتا ہے۔

میں کیسے بنا؟ سب سے پہلے، مٹی، ریت اور پانی کو ایک خاص تناسب میں ملایا جاتا ہے۔ پھر، یہ مرکب ایک مشین میں ڈالا جاتا ہے، جو اسے ایک خاص سائز اور شکل میں بناتا ہے۔ آخر میں، مجھے ایک بھاری ٹرک میں رکھا جاتا ہے، جو مجھے ایک تعمیراتی سائٹ پر لے جاتا ہے۔

میں کیوں بنا؟ مجھے عمارتوں کو بنانے کے لیے بنایا جاتا ہے۔ میں عمارت کو مضبوط اور مستحکم بناتا ہوں، اور میں اسے موسمی حالات سے بچاتا ہوں۔

میں کہاں پہنچا؟ میں ایک تعمیراتی سائٹ پر پہنچتا ہوں، جہاں مجھے دیگر اینٹوں کے ساتھ مل کر ایک بڑے عمارت میں رکھا جاتا ہے۔ میں عمارت کا ایک اہم حصہ بن جاتا ہوں، اور میں انسانی زندگی کو بہتر بنانے میں مدد کرتا ہوں۔

اینٹ کی آپ بیتی کے ضمن میں دیکھا جا سکتا ہے کہ مصنوعی ذہانت کا غیر افسانوی نثر کے حوالے سے کام بلا شبہ عمدہ ہے اور مزید معلومات کے حصول، طوالت اور جزئیات نگاری کے لیے مکمل ورک فریم مہیا کرتا ہے۔ اس میں البتہ ''سائٹ'' ایسے کچھ الفاظ ایسے ہیں جن کا اس پاس شاید بہتر متبادل نہیں ہے اسی لیے اس نے اسے استعمال کیا اور دہرایا۔ اسی طرح 'بڑی عمارت' کی جگہ 'بڑے عمارت' کا استعمال تذکیر و تانیث کے معمولی مسائل کی جانب اشارہ کرتا ہے۔ اسی ضمن میں اس سے ایک اور آپ بیتی کا تجربہ کروایا گیا اور اینٹ کی جگہ ہوائی جہاز کی آپ بیتی لکھنے کی

کمانڈ دی گئی تا کہ یہ دیکھا جا سکے کہ اینٹ کی نسبت ایک قوی الجثہ صنعت، جو دنیا کی سب سے زیادہ حیران کن اور بڑی ایجادات میں شامل ہے، کے حوالے سے اس کا تخلیقی شعور کیا کہتا ہے۔ مزید یہ کہ کمانڈ کی تحدید دو سے تین پیراگراف تک کی گئی تا کہ کم سے کم الفاظ میں اس کی تخلیقی جامعیت کا جائزہ لیا جا سکے۔ اس ضمن میں گوگل بارڈ/ جمنی کو دی گئی کمانڈ اور آپ بیتی درج ذیل ہے:

کمانڈ: ''ایک ہوائی جہاز کی آپ بیتی یا سرگزشت لکھیے کہ وہ کیسے بنا، کہاں بنا، کیوں بنا، اس نے کس نے بنایا۔ یہ پیراگراف کی شکل میں ہونی چاہیے اور دو سے تین پیراگرافس میں اختتام ہونا چاہیے۔''

ایک ہوائی جہاز کی آپ بیتی: میں ایک ہوائی جہاز ہوں، جس کا نام 'پرواز' ہے۔ میں ایک بڑے کارخانے میں بنا ہوا ہوں، جو ہوائی جہاز بنانے میں مہارت رکھتا ہے۔ مجھے بنانے کے لیے بہت سی مختلف قسم کی چیزیں استعمال کی گئیں، جیسے کہ دھات، پلاسٹک، اور لکڑی۔ مجھے بنانے کے لیے ایک لمبے وقت اور بہت محنت کی ضرورت تھی۔ ہزاروں لوگوں نے میری تعمیر میں حصہ ڈالا۔ ان میں انجینئر، صنعتکار، اور مزدور شامل ہیں۔ میں ایک مسافر ہوائی جہاز ہوں، جس کا مطلب ہے کہ میں لوگوں کو ایک جگہ سے دوسری جگہ لے کر جاتا ہوں۔ مجھے اس لیے بنایا گیا تھا تا کہ لوگوں کو سفر کرنا آسان ہو سکے۔ میں لوگوں کو ایک دوسرے سے جوڑنے میں مدد کرتا ہوں، اور میں دنیا کو ایک چھوٹی جگہ بنانے میں مدد کرتا ہوں۔ میں نے اب تک بہت سے سفر کیے ہیں۔ میں نے دنیا کے بہت سے ممالک دیکھے ہیں۔ میں نے اپنے سفر میں بہت سے لوگوں سے ملاقات کی ہے۔ میں نے ان لوگوں کے بارے میں بہت کچھ سیکھا ہے، اور میں نے دنیا کے بارے میں بہت کچھ سیکھا ہے۔ میں اپنے کام پر فخر کرتا ہوں۔ میں جانتا ہوں کہ میں نے انسانی زندگی کو بہتر بنانے میں مدد کی ہے۔ میں ایک ہوائی جہاز ہوں، اور میں دنیا کو ایک بہتر جگہ بنانے میں مدد کرنے کے لیے یہاں ہوں۔

میں نے کس کے لیے بنایا؟: میں نے دنیا کے تمام لوگوں کے لیے بنایا ہے۔ میں ان لوگوں کے لیے بنایا گیا ہوں جو ایک دوسرے سے ملنا چاہتے ہیں۔ میں ان لوگوں کے لیے بنایا گیا ہوں جو دنیا کو دیکھنا چاہتے ہیں۔ میں ان لوگوں کے لیے بنایا گیا ہوں جو اپنی زندگی کو بہتر بنانا چاہتے ہیں۔ میں ایک ہوائی جہاز ہوں، اور میں دنیا کو ایک بہتر جگہ بنانے کے لیے یہاں ہوں۔

اس آپ بیتی میں صرف ونحو کی چند اغلاط جیسے 'میں نے کس کے لیے بنایا' موجود ہیں، لیکن تحدید کا پہلو سامنے رکھتے ہوئے اس کی اس معلومات پر مبنی تخلیق کو سراہا جا سکتا ہے۔ جیسا کہ پہلے بیان ہوا کہ اس سے جس ضمن میں جزئیات نگاری کروائی جائے، یہ اسی حوالے سے کام کرتی ہے، اس لیے تحدید کو ختم کرتے ہوئے جن پہلوؤں پر زیادہ کام کروایا جائے یا جن کی زیادہ تفصیل درکار ہو، اس کی کمانڈ بھی شامل کی جا سکتی ہے۔ چوں کہ یہ غیر افسانوی نثر ہے اس لیے اس کے روز مرہ کے استعمال کے حوالے سے مصنوعی ذہانت سے بہت سے فوائد حاصل کیے جا سکتے ہیں اور کم وقت میں تخلیقی کام کی رفتار کو روز افزوں کیا جا سکتا ہے۔ اسی حوالے سے اس کی مزید تخلیقی جہات کا کھوج لگانے کے لیے اسے ایک کمانڈ قیمتاً مستعمل چیٹ جی پی ٹی 4 کو دی گئی تا کہ دونوں اپیلی کیشنز کا ایک موازنہ بھی ہو سکے اور یہ بھی دیکھا جا سکے کہ یہ کس حد تک درست کام کر رہی ہیں۔

کمانڈ یہ تھی: ''ایک بم کی آپ بیتی لکھیے اور اس کی جانب سے اس کے بنانے والے کو پیغام لکھیے۔''

اس کمانڈ میں بم کے تخلیقی عناصر، جسامت، ماحول اور تباہ کاری وغیرہ کے بارے میں کوئی بھی اشارہ نہیں دیا گیا تھا تا کہ اس کے اپنے تخلیقی امکانات کو سامنے لایا جا سکے۔

بم کی آپ بیتی: میں ایک بم ہوں، میرا وجود محض دھات کے ٹکڑوں، بارود، اور سرکٹس کا مجموعہ ہے۔ میری تخلیق کا مقصد شاید میرے بنانے والے کے لیے بہت واضح ہو، مگر میرے اندر کی دنیا، میرے احساسات، اگر وہ موجود ہوتے، تو وہ کیا کہتے؟ میں بے جان ہوں، مگر اگر میں سوچ سکتا، تو شاید میں اپنے بنانے والے سے کچھ کہنا چاہتا۔

میری کہانی ایک خاموش سفر سے شروع ہوتی ہے، ایک کارخانے میں، جہاں میرے اجزاء کو پہلی بار ایک دوسرے کے ساتھ جوڑا گیا۔

میرا مقصد؟ خوف و ہراس پھیلانا، تباہی لانا، زندگیوں کو ختم کرنا۔ لیکن اگر میں محسوس کر سکتا، تو کیا میں اس مقصد کو قبول کرتا؟ میرے اندر جو بارود بھرا گیا، وہ نہ صرف انسانوں کے لیے خطرہ ہے، بلکہ خود مجھے بھی مٹا دیتا ہے۔ میں ایک وسیلہ ہوں، ایک اوزار، جس کا استعمال فیصلے کرنے والوں کے ہاتھوں میں ہے۔

میرے بنانے والے کو پیغام: اگر میں احساس کر سکتا، اگر میرے اندر دل ہوتا، تو شاید میں آپ سے یہ کہتا: کیا آپ نے کبھی سوچا کہ جس شے کو آپ نے بنایا ہے، وہ کس قدر طاقت ور اور خطرناک ہے؟ کیا آپ کو احساس ہے کہ آپ کی بنائی ہوئی چیز کس طرح کی تباہی لا سکتی ہے؟

میں جانتا ہوں کہ آپ نے مجھے ایک مخصوص مقصد کے لیے بنایا ہے، لیکن کیا وہ مقصد انسانیت کی بھلائی کے لیے ہے؟ کیا دنیا میں امن اور محبت پھیلانے کے لیے کوئی دوسرا راستہ نہیں ہو سکتا؟ کیا زندگیوں کو بچانے اور تحفظ دینے کا کوئی طریقہ نہیں ہو سکتا، بجائے انھیں ختم کرنے کے؟

میں چاہتا ہوں کہ آپ ایک لمحے کے لیے سوچیں۔ ہر شے کی تخلیق کے پیچھے ایک مقصد ہوتا ہے، لیکن کیا وہ مقصد ہمیشہ صحیح ہوتا ہے؟ کیا آپ کی بنائی ہوئی چیز، میرا وجود، انسانیت کے لیے بہتری لا سکتا ہے؟ میں جانتا ہوں کہ میں صرف ایک بے جان شے ہوں، لیکن اگر میرے اندر احساس ہوتا، تو میں آپ سے یہ درخواست کرتا: دنیا کو مزید تباہی اور دکھ سے بچانے کے لیے آپ جو بھی بنائیں، وہ امن، محبت، اور بھلائی کے لیے ہو۔ میں چاہتا ہوں کہ آپ اپنی صلاحیتوں اور مہارتوں کا استعمال ایسی چیزیں بنانے میں کریں جو زندگیوں کو بچائے، جو کہانیوں کو جوڑے، جو دلوں کو محبت سے بھر دے۔ دنیا کو مزید تباہی کی نہیں، امید کی ضرورت ہے۔ آپ کی بنائی ہوئی ہر شے میں زندگیوں کو بدلنے کی طاقت ہے۔ کاش، میرا وجود بھی ایسا ہوتا جو دنیا میں مثبت تبدیلی لا سکتا۔ امید ہے، آپ اس پیغام کو سمجھیں گے اور مستقبل میں اپنی تخلیقات کے مقاصد پر نظر ثانی کریں گے۔

اس آپ بیتی سے انسانی دردمندی جھلکتی ہے اور محسوس ہوتا ہے جیسے جنگ و جدل سے دور ایک نیک سیرت انسان یہ تحریر لکھ رہا ہو۔ ابتدا سے اختتام تک مشکل سے ہی یہ فیصلہ کیا جا سکتا ہے کہ یہ تحریر کسی انسان کی ہے یا مشین کی۔ مشین پر سب سے بڑا اعتراض یہ کیا جاتا ہے کہ یہ جذبات سے عاری ہے۔ مجید امجد کی نظم سے متاثر ہو کر تحریر کی گئی نظم، علامہ اقبال کی فلسطین کے حوالے سے فرضی نظم اور اس بم کی آپ بیتی میں ایسے مقامات موجود ہیں جہاں انسانی جذبات، ناسٹلجیا اور ایسے عناصر دیکھے جا سکتے ہیں جو انسانی تحریر کا خاصا ہیں۔ اس کے مزید تخلیقی امکانات کو جانچنے کے لیے غیر افسانوی ادب ہی کے حوالے سے راقم نے ایک مشکل تخلیقی تجربہ سفر نامہ نگاری کے حوالے سے کیا۔ سفر نامہ گہرے مشاہدے اور تجربے کے بعد روداد، آپ بیتی اور سفر کی جزئیات نگاری کے ادغام سے تخلیق ہوتا ہے جبکہ تخیل کی آمیزش اسے خوبصورت بناتی ہے۔ چوں کہ سفر نامے کا تعلق ہڈ بیتی سے ہے اس لیے کسی کا فرضی سفر نامہ لکھنا ایک مشکل کام ہے۔ راقم نے دورانِ تدریس بی ایس اردو کی جماعت میں طالبات کو میر و غالب کا فرضی خلائی سفر نامہ تحریر کرنے کے لیے کہا۔ اس میں عموماً طالبات نے میر و غالب کی زندگی سے ناآشنائی اور تخیل کی

نارسائی کی وجہ سے ایک آدھ صفحے سے زیادہ نہیں لکھا اور اس سارے تجربے میں ایک گھنٹے کا وقت لگا۔ راقم نے یہی کام کمانڈ کی صورت میں گوگل بارڈ/ جمنی اور قیمتاً چیٹ جی پی ٹی 4 کے سپرد کیا تا کہ اس کا موازنہ انسانی ذہانت سے کیا جا سکے۔ بارڈ کا تجربہ ناقص تھا لیکن اوسط انسانی ذہانت کی نسبت وقت اور معیار کے حوالے سے حوصلہ افزا تھا۔ اس نے چند سیکنڈ میں وہ کام بہتر انداز میں کیا جو انسانی ذہانت ایک گھنٹے کے عرصے میں بھی تعطل، سست روی اور خام خیالی سے کر رہی تھی۔ سفر نامے میں اس نے میر و غالب کے فرضی اشعار شامل کرنے کی کوشش بھی کی جو کہ اردو عروض کا الگورتھم موجود نہ ہونے کی وجہ سے باوزن تو نہیں تھے اور نہ ہی میر و غالب کے شعری اسلوب کا اظہار کرتے تھے، البتہ اسے اس ضمن میں دیکھا جا سکتا ہے کہ یہ مصنوعی ذہانت کی پہلی کاوش ہے جسے مزید تربیت کی ضرورت ہے تا کہ وہ کسی شاعر کے کلام واسلوب سے واقف ہو سکے۔ اس کاوش میں تخلیقی عناصر کی کمی تو واضح ہے البتہ بنیادی تخیل اس کے پاس ضرور موجود ہے۔ پہلے مفت میسر ایپلی کیشنز گوگل بارڈ/ جمنی کی کمانڈ کا جواب ملاحظہ کیجیے۔

کمانڈ: مرزا غالب کا ایک فرضی خلائی سفرنامہ لکھیے جن کے ساتھ میر تقی میر ہیں اور وہ شعر و شاعری میں مکالمہ کرتے ہوئے خلائی جہاز میں جا رہے ہیں۔

بارڈ:

مرزا غالب کا فرضی خلائی سفرنامہ۔ حصہ اول۔ مرزا غالب اور میر تقی میر خلائی سفر پر روانہ:

ایک دن مرزا غالب اور میر تقی میر ایک پارک میں بیٹھے ہوئے تھے۔ وہ دونوں اپنی شاعری پر بات کر رہے تھے۔ اچانک، ایک عجیب سی روشنی آسمان سے اترتی ہوئی نظر آئی۔ روشنی قریب آتے آتے ایک خلائی جہاز میں تبدیل ہو گئی۔ خلائی جہاز سے ایک شخص باہر نکلا۔ اس شخص نے غالب اور میر سے بات کی اور ان سے کہا کہ وہ انہیں خلائی سفر پر لے جانا چاہتا ہے۔ غالب اور میر نے اس دعوت کو قبول کر لیا۔ خلائی جہاز میں سوار ہونے کے بعد، غالب اور میر ایک ایسی دنیا میں پہنچ گئے جس کا انہوں نے کبھی خواب بھی نہیں دیکھا تھا۔ وہ ستاروں اور سیاروں کے درمیان سفر کرتے رہے۔

حصہ دوم: غالب اور میر خلائی سفر میں شعر و شاعری کرتے ہیں

خلائی سفر کے دوران، غالب اور میر نے اپنی شاعری کا مظاہرہ کیا۔ انہوں نے خلائی

مناظر کے بارے میں شعر کہے۔ غالب نے کہا:

فضائے لامحدود میں ہم سفر کرتے ہیں
تاروں کے درمیان ہم گزرتے ہیں
کیا یہ خواب ہے یا حقیقت
ہم اپنے خیالات میں گم ہوتے ہیں

میر نے کہا:

خلائی مناظر بہت خوبصورت ہیں
ستاروں کی روشنی ہمیں مسحور کر دیتی ہے
ہمیں یہ دنیا بہت عجیب لگتی ہے
لیکن ہم یہاں سے واپس نہیں جانا چاہتے

غالب اور میر نے اپنی شاعری سے خلائی جہاز کے عملے کو بھی متاثر کیا۔ عملے کے افراد نے ان کی شاعری کی تعریف کی اور انہیں خلائی سفر کا مزید لطف اٹھانے کی دعوت دی۔

حصہ سوم: غالب اور میر خلائی سفر سے واپس آتے ہیں۔

خلائی سفر کا سفر ختم ہوا اور غالب اور میر زمین پر واپس آ گئے۔ وہ اپنے سفر سے بہت خوش تھے۔ انہوں نے اپنے دوستوں اور خاندان کے ساتھ اپنے سفر کے بارے میں بات کی۔

غالب نے کہا: خلائی سفر ایک ایسا تجربہ ہے جو زندگی بھر نہیں بھولتا میں نے کبھی نہیں سوچا تھا کہ میں کبھی خلائی سفر کروں گا۔

میر نے کہا: خلائی سفر ایک ایسا خواب تھا جو اب سچ ہو گیا ہے میں اس سفر کو کبھی نہیں بھولوں گا یہ میرے لیے ایک یادگار تجربہ رہے گا۔

غالب اور میر کے خلائی سفر نے ان کی شاعری کو بھی متاثر کیا۔ انہوں نے اپنی شاعری میں خلائی سفر کے تجربات کو بیان کیا۔ ان کی شاعری اب بھی خلائی سفر کے بارے میں پڑھی جاتی ہے۔

آخری سطر: غالب اور میر کے خلائی سفر کی کہانی ایک ایسی کہانی ہے جو ہمیں یہ سکھاتی ہے کہ ہمارے خوابوں کو پورا کرنے کے لیے ہمیں کبھی ہار نہیں ماننی چاہیے۔

اب اسی کمانڈ اور اس کے نتائج قیمتاً مستعمل چیٹ جی پی ٹی 4 کے حوالے سے ملاحظہ

کیجیے جس میں صرف ونحو کی اغلاط موجود ہیں اور تصورات بھی ناقص ہیں جس کی دو وجوہات ہیں۔ اول تو یہ کہ جس قدر واضح کمانڈ دی جائے یہ اتنا ہی بہتر کام کرتی ہے۔ دوم یہ کہ اس کے پاس تا حال میر و غالب کی زندگی پر زیادہ مواد میسر نہیں ہے۔ بہ ہر حال اس کی جانب سے پیش کیے گئے سفر نامے میں تخیل کی کمی نہیں ہے۔

چیٹ جی پی ٹی ۴:

دور حاضر کی تکنیکی ترقیات کے ذریعہ، ہم ایک ایسے خیالی منظر نامے کا تصور کرتے ہیں جہاں دو بڑے اردو شاعر، مرزا غالب اور میر تقی میر، خلا کی وسیع و عریض کائنات میں ایک جدید خلائی جہاز پر سوار ہیں۔ ان کے اردگرد ستارے چمک رہے ہیں، اور وہ انسانیت کی عظمت اور خلا کی بے پایاں معموں پر شعر و شاعری کے ذریعہ مکالمہ کر رہے ہیں۔

مرزا غالب: ''اے میر! زمین سے دور، اس خلائی سفر میں، زندگی کی اصل حقیقت پر غور کرتا ہوں۔ یہ ستارے، یہ سیارے، کیا ان کا بھی کوئی غم ہے؟''

میر تقی میر: ''غالب! زندگی کے معمے اور بھی گہرے ہو جاتے ہیں جب ہم اس کائنات کی وسعتوں کو دیکھتے ہیں۔ مگر یہ ستارے، جو ہم سے کئی روشنی کے سال دور ہیں، میرے دل کو چھو لیتے ہیں۔'' جیسے جیسے وہ دونوں خلا کی گہرائیوں میں سفر کرتے ہیں، ان کا مکالمہ انسانی جذبات، زندگی کی عارضی نوعیت، اور کائنات کے بارے میں فلسفیانہ سوالات کی طرف مڑ جاتا ہے۔

مرزا غالب: ''میر، کیا تم نے سوچا ہے کہ اس خلا کی لا متناہی وسعتوں میں، ہماری زندگی کی حقیقت کیا ہے؟ کیا ہم محض ایک کہکشاں کی دھول ہیں؟''

میر تقی میر: ''ہاں غالب، زندگی کا یہ احساس کہ ہم کائنات میں بہت چھوٹے ہیں، میرے دل کو ایک عجیب سکون دیتا ہے۔ اس سکون میں ہی شاید زندگی کی حقیقی خوبصورتی چھپی ہے۔'' اس سفر کے دوران، وہ خلائی جہاز کی کھڑکیوں سے باہر دیکھتے ہیں، جہاں نیلے اور سبز رنگ کے نیبولے اور دور دور تک پھیلے ہوئے تارے ان کے سامنے ایک سحر انگیز منظر پیش کرتے ہیں۔ وہ اس منظر کی خوبصورتی میں کھو جاتے ہیں، اور ان کی شاعری اس خوبصورتی کو زبان دیتی ہے۔

مرزا غالب: ''دیکھو میر، کیسے یہ ستارے اپنے وجود کی کہانی کہتے ہیں۔ کیسے یہ نیبولے زندگی کی ابتدا اور انجام کا راز بیان کرتے ہیں۔ کائنات کے اس رقص میں، ہم بھی ایک قطرہ ہیں۔''

میر تقی میر: ''غالب، یہ قدرت کا رقص، یہ ستاروں کا جھرمٹ، ہمیں یاد دلاتا ہے کہ زندگی چاہے کتنی بھی مختصر کیوں نہ ہو، اس کی خوبصورتی ان لمحات میں ہے جنہیں ہم پوری شدت سے جیتے ہیں۔''

ان کی بات چیت اور شاعری کے اس سفر میں، وہ ایک نیا سیارہ دریافت کرتے ہیں جو زمین سے بہت مختلف ہے۔ یہ سیارہ ان کے خیالات اور شاعری کے لیے نئے موضوعات فراہم کرتا ہے۔

مرزا غالب: ''دیکھو میر، یہ نیا سیارہ، کیسے اپنے رنگوں اور خصوصیات سے ہمیں حیرت میں ڈال دیتا ہے۔ کیا یہاں بھی زندگی کی کوئی شکل موجود ہوگی؟''

میر تقی میر: ''غالب، ہر نئی دریافت ہمیں یاد دلاتی ہے کہ علم کی کوئی حد نہیں۔ ہر نیا سیارہ، ہر نیا ستارہ، ہمیں اپنے اندر کی دنیا کو بہتر سمجھنے کی دعوت دیتا ہے۔''

جیسے جیسے وہ اس خلائی سفر کو جاری رکھتے ہیں، ان کے دلوں میں ایک نیا احساس جاگتا ہے۔ ایک احساس کہ ان کا وجود، چاہے کتنا ہی معمولی کیوں نہ ہو، کائنات کی عظمت کا ایک حصہ ہے۔ ان کی شاعری، جو کبھی زمین پر محدود تھی، اب خلا کی لامحدودیت میں اپنا معنی تلاش کر رہی ہے۔

مرزا غالب: ''یہ سفر، میر، ہمیں سکھاتا ہے کہ ہمارے جذبات، ہمارے خواب، کائنات کے اس وسیع پیمانے میں بھی اپنی اہمیت رکھتے ہیں۔ ہماری شاعری، جو زمین پر محبت اور غم کی کہانیاں سناتی تھی، اب خلا کے رازوں کو بیان کرتی ہے۔''

میر تقی میر: ''بالکل، غالب۔ ہر نیا منظر، ہر نیا سیارہ، ہمیں ایک نئی کہانی کہنے کی تحریک دیتا ہے۔ اور یہ کہانیاں، چاہے کتنی ہی خیالی کیوں نہ ہوں، ہمارے دلوں میں امید کی ایک نئی کرن جلاتی ہیں۔''

جب وہ اپنے سفر کے اختتام پر پہنچتے ہیں، ان کی شاعری نے ایک نیا رنگ اختیار کر لیا ہوتا ہے۔ ایک رنگ جو زمین کی حدود سے آگے کائنات کی عظمت کو چھوتا ہے۔

مرزا غالب: ''یہ سفر، میر، ہمیں سکھاتا ہے کہ زندگی، چاہے زمین پر ہو یا خلا میں، ایک خوبصورت سفر ہے۔ ہمیں ہر لمحے کو قیمتی سمجھنا چاہیے۔''

میر تقی میر: ''ہاں، غالب۔ اور اس سفر نے ہمیں یہ بھی سکھایا کہ کائنات میں ہماری

موجودگی، چاہے کتنی ہی مختصر کیوں نہ ہو، ہمیں ہر پل کو جینے کی ترغیب دیتی ہے۔"

جب وہ خلائی جہاز سے واپس زمین پر آتے ہیں، ان کی آنکھوں میں نئی چمک ہوتی ہے۔ ان کے دل و دماغ میں نئے خیالات اور احساسات کی ایک بھرپور دنیا آباد ہو چکی ہے۔ مرزا غالب: "میر، یہ خلائی سفر ہمیں نئی بصیرت دے کر گیا ہے۔ ہماری شاعری، جو کبھی ہمارے زمینی تجربات کی عکاس تھی، اب کائنات کے بے کراں رازوں کو بھی سمیٹ لے گی۔"

میر تقی میر: "ہم نے زندگی کی محدودیت کو پہچانا اور کائنات کی لامحدودیت میں اپنے آپ کو تلاش کیا۔ اب ہماری شاعری میں نہ صرف زمین کے رنگ ہیں بلکہ خلا کی گہرائیوں کے راز بھی شامل ہو چکے ہیں۔" واپس زمین پر آ کر، مرزا غالب اور میر تقی میر نے اپنے تجربات کو شاعری کی صورت میں بیان کیا، اور ان کی نظمیں نہ صرف انسانیت کے لیے نئے دروازے کھولتی ہیں بلکہ کائنات کے عظیم رازوں کی طرف بھی اشارہ کرتی ہیں۔ ان کی شاعری میں اب ایک نیا درس تھا: کہ زندگی کی قدر کرنی چاہیے، چاہے وہ زمین پر ہو یا کائنات کے کسی گوشے میں۔

مرزا غالب: "یہ سفر ہمیں یاد دلاتا ہے کہ زندگی ایک انمول تحفہ ہے، اور ہمیں اسے پورے دل سے جینا چاہیے۔"

میر تقی میر: "اور ہمیں اپنے اندر کی دنیا کو بھی تلاش کرنا چاہیے، جیسا کہ ہم نے خلا میں کیا۔ اس سفر نے ہمیں سکھایا کہ ہر چیز میں ایک خوبصورتی ہے، بس دیکھنے والی آنکھ چاہیے۔" مرزا غالب اور میر تقی میر کا یہ فرضی خلائی سفر نہ صرف ان کے شاعری کے سفر کو نیا موڑ دیتا ہے بلکہ ہمیں بھی یہ پیغام دیتا ہے کہ کائنات میں ہماری موجودگی، چاہے کتنی ہی ناچیز کیوں نہ لگے، ایک بہت بڑی حقیقت کا حصہ ہے۔ یہ سفر ہمیں بتاتا ہے کہ زندگی کی تلاش اور خود کی دریافت کا سفر کبھی ختم نہیں ہوتا، چاہے ہم زمین پر ہوں یا کائنات کے کسی دور دراز کونے میں۔ ان کی شاعری میں اب ایک جہانیت کا اضافہ ہوا ہے، جو ہمیں یہ سکھاتی ہے کہ ہر انسانی تجربہ، چاہے وہ محبت ہو، غم ہو، یا کائنات کے رازوں کی تلاش، ایک عالمگیر جذبہ کا اظہار ہے۔ مرزا غالب اور میر تقی میر کی اس فرضی خلائی مہم نے نہ صرف انہیں بلکہ ہمیں بھی ایک نئی دنیا کی سیر کرائی ہے۔ یہ کہانی ہمیں بتاتی ہے کہ شاعری اور فن کی طاقت کے ذریعے ہم کسی بھی حد تک پہنچ سکتے ہیں، چاہے وہ زمین کی حدود ہوں یا خلا کی لامحدودیت۔ اور یوں، مرزا غالب اور میر تقی میر کا یہ خلائی سفر نہ صرف ان کے دلوں کو نئی امیدوں اور خوابوں سے بھر دیتا ہے بلکہ ہمیں بھی ایک پیغام دیتا ہے: کہ ہمیشہ نئی چیزوں کی

تلاش میں رہو، چاہے وہ زمین پر ہو یا آسمانوں میں۔ اس سفر کا اختتام نہیں، بلکہ یہ ایک نئی شروعات کی طرف اشارہ ہے، جہاں ہر نئی دریافت ہمیں اپنے آپ کو اور بھی بہتر طور پر سمجھنے کا موقع دیتی ہے۔

میر و غالب کا یہ سفرنامہ مفت گوگل بارڈ/ جمنی کی نسبت بہتر ہے اور اس میں حیات و کائنات کے فکری عناصر بھی ہیں، تخیل بھی اور ادبی چاشنی بھی۔ البتہ اس کے اختتام آتے آتے اس کا انداز توضیحی ہو جاتا ہے اور یوں محسوس ہوتا ہے کہ چیٹ جی پی ٹی نوعمر قارئین کے لیے نتائج بھی پیش کرنا چاہتی ہے؛ یوں یہ سفرنامے کی ہیئت اور تکنیک دونوں سے دور جاتا نظر آتا ہے۔ مفت مستعمل گوگل بارڈ/ جمنی کی جانب سے چار سو تئیس (423) الفاظ پر مشتمل سفرنامہ جس میں اشعار کے دخول کی کوشش بھی کی گئی ہے جب کہ قیمتاً مستعمل چیٹ جی پی ٹی کی جانب سے گیارہ سو پینتالیس (1145) الفاظ پر مشتمل فرضی سفرنامہ اس جانب اشارہ کرتا ہے کہ مستقبل قریب میں یہ مزید بہتری کی جانب بڑھیں گی۔ اب ذرا اس بات پر غور کیجیے کہ یہ ایک ایسے سفر کا فرضی سفرنامہ ہے جس کا انسان کو بہت کم تجربہ ہے، اگر یہ کسی کا ذاتی سفرنامہ ہو اور وہ جزئیات دے کر اس سے متن تخلیق کرواتا ہوا آگے بڑھے تو اس کے لیے کس قدر سہولت اور آسانی رہے گی۔ مزید یہ کہ کسی ایسے مشہور سیاحتی مقام کا سفرنامہ جس کے بارے میں لوگ پہلے کافی کچھ لکھ چکے ہوں، پر لکھوایا جائے تو یہ کام اس کے لیے اور بھی آسان ہوگا۔ مذکورہ سفرنامے میں بھی صرف ونحو کی چند اغلاط موجود ہیں، جنھیں درست کرنے کے لیے اس کے بانیان سے رابطہ اور مسائل کی نشان دہی ضروری ہے۔

مصنوعی ذہانت کے حوالے سے یہ سوال بھی جنم لیتا ہے کہ کیا یہ اردو ادب کی تشریح و توضیح کی صلاحیت رکھتی ہے؟ اس ضمن یہ بات پیشِ نظر رہنی چاہیے کہ یہ جس قدر آسانی سے متن کو پڑھنے پر قادر ہے، اسی تناسب سے اس کی تشریح و توضیح اور تنقید پیش کرتی ہے۔ اس کے آغاز ہی میں opening window میں اس کی جن خصوصیات کا ذکر کیا گیا ان میں متن کا تجزیہ اور تبصرہ شامل ہیں۔ چوں کہ یہاں اردو متون کی تشریح و توضیح کے حوالے سے بات کی جا رہی ہے اس لیے اس پر اس ضمن میں بہت سے تجربات کیے گئے جن کی کامیابی ستر سے اسی فیصد کے درمیان رہی۔ نظم کی نسبت یہ نثری متون میں زیادہ کامیاب رہا۔ تجربات میں ایسے متون کا بھی انتخاب کیا گیا جو انٹرنیٹ پر موجود نہ تھے، نامعلوم شعرا کے تھے یا پھر تجریدی تھے۔ اس نے متون کا مرکزی

خیال بہت حد تک درست بیان کیا۔ راقم کی اپنی ایک تجریدی نظم بھی ایسے ہی متون میں شامل تھی جس کا مرکزی خیال اس نے نوے فیصد کے قریب درست بیان کیا۔ دوسرا تجربہ معروف شعرا کے کلام کی پہلے سے موجود تشریح و توضیح کا اس کی تشریح و توضیح سے موازنے کی صورت میں کیا گیا اور اسے جان بوجھ کر مشکل اشعار دیے گئے تا کہ اس کی ادرا کی خصوصیات کھل کر سامنے آئیں۔ اس ضمن میں دیوانِ غالب سے ایک مشکل شعر اور اس کی تشریح کا موازنہ ملاحظہ کیجیے:

کمانڈ: ''اس شعر کی تشریح کیجیے:

کاو کاو سخت جانی ہائے تنہائی نہ پوچھ
صبح کرنا شام کا لانا ہے جوئے شیر کا''

شرح دیوانِ غالب از حسرت موہانی:

یعنی شبِ ہجر کا کاٹنا ویسا ہی سخت ہے جیسا کہ فرہاد کے لیے جوئے شیر لانا تھا۔ صبح سپیدی اور جوئے شیر میں جو مشابہت ہے وہ ظاہر ہے۔ کاوکاو سے مراد کاوش و کاہش مراد ہے۔

شرح دیوانِ غالب سعید الدین احمد علیگ:

کاوِکاوِ: تجسس، کرید، کھود، سخت جانی مراد انتہائے رنج والم۔ مطب یہ ہے کہ فرقت کی رات کی سختی اور تکلیف مجھ سے مت پوچھ، بس یہ سمجھ لے کہ ہجر کی رات کا کاٹنا عاشق کے واسطے اتنا ہی مشکل ہے جتنا فرہاد کا شیریں کے لیے پہاڑ کھود کر جوئے شیر لانا۔ اس شعر میں شاعر نے اپنے آپ کو کوہکن (فرہاد)، شب ہجر کی تاریکی اور سختی کو کوہ، سپیدۂ صبح کو جوئے شیر سے تشبیہ دی ہے۔

شرح دیوانِ غالب از غلام رسول مہر:

جدائی کی حالت میں جن جن کاوشوں، کاہشوں اور مشقتوں کا میں تختۂ مشق بنا ہوا ہوں، ان کا حال کچھ نہ پوچھو۔ نہ میں بیان کر سکتا ہوں، نہ سخت جانی کے باعث دم نکلتا ہے۔ بس یہ سمجھ لو کہ رات گزارنا اور شام کا صبح کرنا، اتنا ہی دشوار ہے جتنا فرہاد کے لیے کاٹ کر جوئے شیر لانا دشوار تھا۔ اس شعر میں شاعر نے بہ حالتِ جدائی اپنی سخت جانی کو پہاڑ سے اور شام کے صبح کرنے کو جوئے شیر سے تشبیہ دی ہے۔

شرح دیوانِ غالب از مصنوعی ذہانت (گوگل بارڈ):

اس شعر میں مرزا غالب نے تنہائی کی مصیبت اور محبت کی چاہت کو بیان کیا ہے۔ وہ کہتے ہیں کہ تنہائی کی راتوں میں انسان بے چینی اور بے قراری کی حالت میں مسلسل کوششیں اور

جدو جہد کرتا رہتا ہے۔ وہ صبح کرنا چاہتا ہے، یعنی شبِ فراق کا اختتام کرنا چاہتا ہے، لیکن یہ کام اتنا ہی مشکل ہے جیسے کہ شیر کے دودھ کی نہر کا حصول۔

تشریح: کاو کاو سخت جانی: 'کاو کاو' کا مطلب ہے مسلسل کوشش کرنا، جدو جہد کرنا۔ 'سخت جانی' کا مطلب ہے بے چینی، بے قراری۔ اس مصرعے میں شاعر کہتا ہے کہ تنہائی کی راتوں میں بے چینی اور بے قراری کی حالت میں انسان مسلسل کوششیں اور جدو جہد کرتا رہتا ہے۔ وہ صبح کرنا چاہتا ہے، یعنی شبِ فراق کا اختتام کرنا چاہتا ہے، لیکن یہ کام بہت مشکل ہے۔

ہائے تنہائی نہ پوچھ: یہ ایک استفسار ہے، جس کا مطلب ہے کہ تنہائی کی مصیبت کا تصور بھی نہ کریں۔

صبح کرنا شام کا لانا ہے جوئے شیر کا: 'صبح کرنا' کا مطلب ہے شبِ فراق کا اختتام کرنا۔ 'شام کا لانا' کا مطلب ہے رات کا اختتام کرنا۔ 'جوئے شیر' کا مطلب ہے شیر کے دودھ کی نہر۔ یہ ایک ایسا کام ہے جو ناممکن تصور کیا جاتا ہے۔ اس مصرعے میں شاعر کہتا ہے کہ تنہائی کی راتوں کا خاتمہ کرنا، یعنی شبِ فراق کا اختتام کرنا، اتنا ہی مشکل ہے جیسے کہ شیر کے دودھ کی نہر کا حصول۔

شرح دیوانِ غالب از مصنوعی ذہانت (چیٹ جی پی ٹی ۳.۵):

کاو کاو سخت جانی ہائے تنہائی نہ پوچھ

اس مصرع میں شاعر نے اپنی زندگی کو 'کاو کاو' کے ذریعے بیان کیا ہے، جو ایک پرندے کی چیخ ہوتی ہے۔ یہاں 'کاو کاو' کو تنہائی، اکثریت ایکائی اور فکرمندگی کا نمائندہ قرار دیا گیا ہے۔ شاعر نے اس تنہائی کو اتنی سخت جانی ہائے کہنے کیلئے اس پرندے کی چیخ کا استعمال کیا ہے، جو عموماً چہرے سے چہرہ ملانے کے لیے کسی کو بلاتا ہے۔

صبح کرنا شام کا لانا ہے جوئے شیر کا۔ دوسرے مصرع میں شاعر نے صبح کو 'شام کا لانا' کہ کر بیان کیا ہے۔ یہاں صبح کا آنا ایک نیا آغاز اور تازگی کا نمائندہ ہے جبکہ 'شام کا لانا' اکثر موت اور انجام کا نمائندہ ہوتا ہے۔ اس مصرع میں شاعر نے زندگی کو جوئے شیر کی طرح جیے جانے کا اشارہ کیا ہے، جس میں حیات کو بہترین طریقے سے مشکلات کا سامنا کرنا اور جیت حاصل کرنا ہوتا ہے۔

اس شاعری میں تنہائی اور جدو جہد کو شیر کی جوئے شیر کے ذریعے نمائندہ کیا گیا ہے، جو ایک قوی اور حنسیت سے بھرا ہوا جانور ہوتا ہے۔ یہ شاعری زندگی کی مشکلات اور اہم مقابلے کا

حوالہ ہے، جس میں شاعر نے امید، جذبہ اور جدوجہد کی راہ میں چلنے کی ترقی کو بیان کیا ہے۔

بارڈ/جمنی کی تشریح میں دو حصے مزید شامل کیے گئے ہیں جن میں سے ایک اہم نکات اور دوسرا جامع تشریح کا ہے۔ ذیل میں بقیہ حصہ بھی پیش کیا جا رہا ہے:

اہم نکات: اس شعر میں مرزا غالب نے تنہائی کی مصیبت کو بہت خوبصورت اور موثر انداز میں بیان کیا ہے۔ یہ شعر تنہائی کے تجربے سے گزرنے والے ہر شخص کے لیے ایک اہم پیغام رکھتا ہے۔ اس شعر کی تشریح کرتے ہوئے ہمیں یہ بھی دیکھنا چاہیے کہ مرزا غالب خود ایک تنہا شخص تھے۔ وہ اپنی زندگی کے بیشتر حصے میں تنہائی میں رہے۔ اس لیے، یہ شعر ان کی اپنی زندگی کے تجربات کا بھی اظہار ہے۔

جامع تشریح: مجموعی طور پر، یہ ایک خوبصورت اور موثر شعر ہے جو تنہائی کی مصیبت اور محبت کی چاہت کو بیان کرتا ہے۔ یہ شعر ہمیں یہ پیغام دیتا ہے کہ تنہائی ایک مشکل تجربہ ہے، لیکن محبت کی چاہت اس مشکل کو برداشت کرنے کی طاقت دیتی ہے۔

دی گئی تمام تشریحات میں گوگل بارڈ کی تشریح طوالت اور شرح کے نقطہ نگاہ سے بہتر ہے البتہ اس میں شَیر اور شِیر کا فرق نہ ہونے کی وجہ سے دودھ کی نہر نکالنے کے بجائے شیر کے دودھ کی نہر نکالنے کے معنی سے ایک مضحکہ خیزی پیدا ہوگئی ہے۔ اس کا مطلب یہ ہے کہ ہم آواز الفاظ کو درست اعراب کے ساتھ پیش کرنے سے اس غلطی پر قابو پایا جا سکتا ہے جب کہ کمانڈ جتنی واضح ہوگی، اسی تناسب سے بھی مثبت تبدیلیاں رونما ہوں گی۔ چیٹ جی پی ٹی کی تشریح میں فارسی لفظ کاویدن سے مشتق 'کاو کاو' کو کوّے کی آواز اور شِیر کو شَیر سمجھتے ہوئے تشریح کی گئی ہے جو درست نہیں ہے۔ یہ تشریح چوں کہ مفت ورژن کی ہے اور اردو دان طبقہ اسی کو زیادہ استعمال کر رہا ہے، اس لیے یہ عین ممکن ہے کہ اصل معانی و مفاہیم سے نا آشنا قارئین اس پر اعتبار کرتے ہوئے اس کے ہاتھوں دھوکا کھائیں۔ اس کی درستی کے حوالے سے بھی دو امکانات پر غور کیا جا سکتا ہے:

۱۔ اسے کمانڈ دیتے ہوئے اعراب کا خیال رکھا جائے۔

۲۔ مشکل الفاظ کے معانی تک کچھ رسائی ہو تو تشریح کے درست یا غلط ہونے کا فیصلہ کیا جا سکتا ہے۔

مذکورہ تشریحات کے ضمن میں دو نتائج اخذ کیے جا سکتے ہیں۔ اول تو یہ کہ راقم کے ناقص علم کے مطابق حسرت موہانی، غلام رسول مہر اور قاضی سعید الدین احمد وغیرہ کی تشریحات انٹرنیٹ

پر اردو تحریر (فونٹ) کی صورت میں نہیں بلکہ سکین شدہ کتاب کی صورت میں موجود ہیں جہاں سے متن نقل کرنا مشکل ہے؛ اس لیے غالب گمان یہی ہے کہ یہ تشریح چیٹ بوٹس کی اپنی ہے۔ دوم یہ کہ اگر یہ کہیں سے متن بنا حوالہ نقل کر رہی ہیں تو وہ متن درست نہیں ہے۔ اسی حوالے سے جب یہ استفسار کیا گیا کہ کیا یہ تشریح نقل شدہ ہے یا ذاتی کاوش ہے تو گوگل بارڈ نے اسے طبع زاد جب کہ چیٹ جی پی ٹی نے مختلف مصادر سے مدد کا ذکر کیا ہے۔ ملاحظہ کیجیے:

کمانڈ: آپ نے یہ تشریح خود کی ہے یا کہیں سے لی ہے؟

بارڈ/جمنی:

میں نے یہ تشریح خود کی ہے۔ میں نے اس شعر کے لیے مختلف منابع کا مطالعہ کیا، بہ شمول مرزا غالب کی سوانح عمری، ان کے دیگر اشعار اور مختلف ادبی تبصروں۔ اس کے بعد، میں نے اپنی سمجھ اور تجربے کی بنیاد پر اس شعر کی تشریح کی۔ میں سمجھتا ہوں کہ اس شعر کی تشریح کے مختلف طریقے ہو سکتے ہیں۔ یہ ایک ایسا شعر ہے جو بہت سے مختلف معانی اور پیغامات رکھتا ہے۔ میری تشریح صرف ایک نقطہ نظر ہے، اور میں اس بات سے اتفاق کرتا ہوں کہ دوسرے لوگ اس شعر کو مختلف انداز میں سمجھ سکتے ہیں۔

چیٹ جی پی ٹی:

میری پیشہ ورانہ مہارت اور موجودہ ڈیٹا کے مبنی ہے، لیکن میرے جوابات کو مدد کے لئے مختلف مصادر، کتب، اور انٹرنیٹ پر دستیاب مواد کا خراج ہوتا ہے۔ میں ہمیشہ یہ کوشش کرتا ہوں کہ جوابات موثر اور معقول ہوں اور معلومات صحیح اور ٹھیک ہوں۔

یوں مصنوعی ذہانت کی جانب سے مہیا کیے گئے متن کی اصلیت اس صورت میں تو ثابت ہو سکتی ہے کہ ایک ایسا متن جو انٹرنیٹ پر موجود نہیں، نہ ہی تا حال چیٹ جی پی ٹی یا گوگل بارڈ وغیرہ کے مرکزی کمپیوٹر (server) میں موجود ہے، اس کے حوالے سے اس کے خیالات ذاتی نوعیت کے ہیں۔ اس بات کی تصدیق کا کوئی طریقہ دریافت نہیں ہو سکا کہ یہ جو متن مہیا کر رہا ہے وہ اس نے کہیں اور سے نقل کیا ہے یا نہیں یا کسی اور صارف کو جواب میں یہی متن تو مہیا نہیں کرے گی۔ سرقہ پکڑنے کے لیے مشہور ترین سافٹ وئیر ٹرن اٹ ان (Turnitin) بھی اردو میں مصنوعی ذہانت کا سرقہ پکڑنے کے حوالے سے درست کام نہیں کر پا رہا ہے جس سے یہ مسئلہ زیادہ اہمیت کا حامل ہو چکا ہے۔ ایک اور زاویے سے اس کی تشریح و توضیح کے امکانات کی جانچ

کے لیے اسے اور بھی متون دیے گئے جن میں سے کچھ پر راقم خود کام کر چکا تھا اور اس کے جوابات کئی مقامات پر معلومات کے حوالے سے راقم کی تشریح و توضیح سے زیادہ بہتر تھے۔ مثلاً افسانے 'پرمیشر سنگھ' کے نفسیاتی جائزے پر راقم نے ایک مضمون تحریر کیا تھا؛ افسانے کا نفسیاتی تجزیہ کرنے کے لیے جب اسے پرمیشر سنگھ کی زندگی کے افسانے میں بیان کیے گئے مختلف المیوں اور مسائل کو ایک صورتِ حال بنا کر اس سے نفسیاتی تجزیہ کروایا گیا تو اس نے نفسیات کی کچھ ایسی اصطلاحات بیان کیں جو راقم کے لیے نئی تھیں۔ ان پر جامعہ کے شعبہ نفسیات سے رائے لینے پر وہ درست ثابت ہوئیں۔ اسی طرح ساختیات کے اطلاق کے حوالے سے دو مضامین کا موازنہ جب اس سے کروایا گیا تو تب بھی پچاس فیصد سے زائد نتائج وہی تھے جن تک راقم پہنچا تھا۔ یوں اس سے اس حوالے سے متن کے جزوی تجزیے میں بھرپور مدد لی جا سکتی ہے۔ کلی تجزیے کے لیے قیمتاً مستعمل ورژن کا استعمال ہی بہتر ہے لیکن اس پر بھی مکمل انحصار نہیں کیا جا سکتا، اس کے نتائج میں ترمیم و اضافے کی گنجائش رہتی ہے۔ متنی تنقید کے حوالے سے اس پر جو تجربات کیے گئے ان میں فیض احمد فیض کی نظم 'زنداں کی ایک صبح' کے مارکسی، نفسیاتی اور جمالیاتی تجزیات و تنقیدات بھی شامل تھیں۔ چیٹ جی پی ٹی 4 کو اس نظم کا نفسیاتی جائزہ لینے کا کہا گیا۔ اس نے جواب انگریزی زبان میں تحقیق و تنقید کے انداز میں پیش کیا جس میں اجزا کو سرخیوں کی صورت میں بیان کرتے ہوئے ابتدائیہ اور ماحصل وغیرہ کا التزام کیا جاتا ہے۔ ذیل میں کمانڈ اور جواب ملاحظہ کیجیے:

کمانڈ: ''اس نظم پر نفسیاتی تنقید کیجیے، بتایئے کہ شاعر کون سے دماغی رویوں، رجحانات اور مسائل سے گزر رہا ہے، ایسا کیوں ہو رہا ہے، اس کے جذبات و خیالات کیا ہیں، اس کا جذباتی پیغام کیا ہے وغیرہ:

رات باقی تھی ابھی جب سر بالیں آ کر
چاند نے مجھ سے کہا 'جاگ سحر آئی ہے
جاگ اس شب جو مے خواب ترا حصہ تھی
جام کے لب سے تہہ جام اتر آئی ہے'
عکس جاناں کو وداع کر کے اٹھی میری نظر
شب کے ٹھہرے ہوئے پانی کی سیہ چادر پر
جا بجا رقص میں آنے لگے چاندی کے بھنور

چاند کے ہاتھ سے تاروں کے کنول گر گر کر
ڈوبتے تیرتے مرجھاتے رہے کھلتے رہے
رات اور صبح بہت دیر گلے ملتے رہے
صحن زنداں میں رفیقوں کے سنہرے چہرے
سطح ظلمت سے دمکتے ہوئے ابھرے کم کم
نیند کی اوس نے ان چہروں سے دھو ڈالا تھا
دیس کا درد فراق رخ محبوب کا غم
دور نوبت ہوئی پھرنے لگے بے زار قدم
زرد فاقوں کے ستائے ہوئے پہرے والے
اہل زنداں کے غضب ناک خروشاں نالے
جن کی باہوں میں پھرا کرتے ہیں باہیں ڈالے
لذت خواب سے مخمور ہوائیں جاگیں
جیل کی زہر بھری چور صدائیں جاگیں
دور دروازہ کھلا کوئی کوئی بند ہوا
دور مچلی کوئی زنجیر مچل کے روئی
دور اترا کسی تالے کے جگر میں خنجر
سر پٹکنے لگا رہ رہ کے دریچہ کوئی
گویا پھر خواب سے بیدار ہوئے دشمن جاں
سنگ و فولاد سے ڈھالے ہوئے جنات گراں
جن کے چنگل میں شب و روز ہیں فریاد کناں
میرے بے کار شب و روز کی نازک پریاں
اپنے شہپور کی رہ دیکھ رہی ہیں یہ اسیر
جس کے ترکش میں ہیں امید کے جلتے ہوئے تیر"

چیٹ جی پی ٹی ۴:

نفسیاتی تنقید کے زاویے سے دیکھا جائے، تو یہ نظم شاعر کی اندرونی کیفیات، دماغی

رویوں، اور ان کے جذباتی سفر کی گہرائیوں کو بیان کرتی ہے۔ اس نظم میں موجود عناصر کے ذریعے شاعر نے نہ صرف اپنے داخلی جدوجہد کو بیان کیا ہے بلکہ انسانی روح کی مجبوریوں اور امیدوں کو بھی اجاگر کیا ہے۔

دماغی رویے اور رجحانات: تنہائی اور اسیری: نظم کے آغاز میں رات کی باقیات اور چاند کے ساتھ مکالمہ تنہائی اور اسیری کے احساس کو ظاہر کرتا ہے۔ شاعر اپنے آپ کو زنداں میں محسوس کرتا ہے، جہاں وہ اپنے خوابوں اور حقیقت کے درمیان پھنسا ہوا ہے۔

نوستالجیا اور فراق: ''عکس جاناں کو وداع کر کے اٹھی میری نظر'' سے محبوب کی یاد اور فراق کا احساس ملتا ہے۔ یہ جذبات شاعر کے دل میں گہرائی سے پیوست ہیں اور انہیں ماضی کی طرف کھینچتے ہیں۔

امید اور مایوسی: نظم کے مختلف حصوں میں امید اور مایوسی کے درمیان کشمکش موجود ہے۔ جہاں ایک طرف 'چاندی کے بھنور' اور 'سنہرے چہرے' امید کی کرن دکھاتے ہیں، وہیں 'زہر بھری چور صدائیں' اور 'دشمن جاں' مایوسی اور تکلیف کے عناصر ہیں۔

شاعر کے جذبات و خیالات: شاعر نے اپنے جذبات کی شدت کو بہت ہی عمیق اور خوبصورتی سے بیان کیا ہے۔ اس نظم میں ایک گہری جذباتی پیچیدگی محسوس ہوتی ہے، جس میں تنہائی، فراق، امید، اور مایوسی کے جذبات شامل ہیں۔

نظم کا جذباتی پیغام انسانی: روح کی لچک اور اس کے جذباتی استحکام کو سراہتا ہے۔ یہ اشعار انسان کی امید اور مایوسی، خوابوں اور حقیقت کے درمیانی جدوجہد، اور ان کی زندگی کے مختلف پہلوؤں کے ساتھ جاری مقابلے کو ظاہر کرتے ہیں۔ شاعر نے زندگی کے تلخ حقائق کے باوجود امید کے قائم رہنے کی اہمیت کو اجاگر کیا ہے۔

نفسیاتی مکالمہ: شاعر کا نفسیاتی مکالمہ اپنے آپ سے اور اپنے ماحول سے ہے، جہاں وہ خود کو زنداں کی تنہائی اور خوابوں کی دنیا کے درمیان پاتا ہے۔ اس کشمکش میں، شاعر نے اپنے جذباتی استحکام کو برقرار رکھنے کے لیے امید کے مختلف عناصر کا سہارا لیا ہے۔

مسائل اور ان کی وجوہات: نظم میں بیان کیے گئے دماغی رویوں اور رجحانات کی جڑیں شاعر کے ذاتی تجربات، سماجی و ثقافتی حالات، اور ان کے اندرونی جدوجہد میں پائی جاسکتی ہیں۔ فراق، تنہائی، اور اسیری کے احساسات شاید ان کی زندگی کے تلخ واقعات اور ان کی خواہشات

کے انکار سے متعلق ہیں۔

خلاصہ: یہ نظم ایک نفسیاتی سفر ہے جو شاعر کی اندرونی کیفیات کو آشکار کرتا ہے۔ شاعر نے اپنے جذبات اور خیالات کو خوبصورتی سے بیان کیا ہے، جہاں امید اور مایوسی کی کشمکش ہر شعر میں محسوس ہوتی ہے۔ نظم کا جذباتی پیغام امید کے جلتے ہوئے تیر کی مانند ہے، جو دکھ اور مایوسی کے اندھیرے میں بھی روشنی کی کرن بن کر سامنے آتا ہے۔ اس سے یہ سبق ملتا ہے کہ زندگی کی مشکلات اور تلخیوں کے باوجود، امید کو ہمیشہ زندہ رکھ روح کی لچک اور مقاومت پر مرکوز ہے۔ شاعر نے دکھایا ہے کہ کس طرح انسانی روح، چاہے وہ کتنی ہی سخت حالات کا سامنا کر رہی ہو، اپنے اندر امید کی چنگاری کو زندہ رکھ سکتی ہے۔ ''جس کے ترکش میں ہیں امید کے جلتے ہوئے تیر'' یہ لائن خاص طور پر اس بات کی عکاسی کرتی ہے کہ بہت سے مشکلات اور مایوسیوں کے باوجود، امید کی روشنی ہمیشہ موجود رہتی ہے اور یہ ہمیں آگے بڑھنے کی قوت دیتی ہے۔

نظم کے ذریعے شاعر نے یہ بھی دکھایا کہ زندگی کے ہر مرحلے میں، خواہ وہ خوشی کا ہو یا غم کا، ہمیں اپنے اندر کی قوت اور اپنی روح کی طاقت کو پہچاننا چاہیے۔ شاعر کا یہ بھی اشارہ ہے کہ انسانی روح کی مضبوطی اور اس کی امیدیں ہی اسے زندگی کی سختیوں کا مقابلہ کرنے کی طاقت دیتی ہیں۔

اختتامی خیالات: اس نظم کے نفسیاتی تنقید سے ہمیں یہ سبق ملتا ہے کہ زندگی کی ہر مشکل، ہر دکھ، اور ہر تکلیف کے باوجود، انسان کے اندر ایک ایسی طاقت ہوتی ہے جو اسے مایوسی سے نکل کر امید کی روشنی میں چلنے کی رہنمائی کرتی ہے۔ اس نظم کے ذریعہ، شاعر نے انسانی جذبات کی پیچیدگیوں اور امید کی طاقت کو بہت خوبصورتی سے پیش کیا ہے، جو ہر قاری کے دل کو چھو لینے کے لیے کافی ہے۔

عموماً نظم پر تحقیق وتنقید کرتے ہوئے اس کا شاعر اور پس منظر معلوم ہوتا ہے یا معلوم کر لیا جاتا ہے جس سے اس عمل میں سہولت ملتی ہے۔ چیٹ جی پی ٹی کو نظم کے خالق فیض احمد فیض اور نظم کے پس منظر کے بارے میں نہیں بتایا گیا تھا کہ یہ ان کی قید و بند کے دنوں کی یاد ہے۔ چیٹ جی پی ٹی نے درست انداز میں نہ صرف شاعر کے اس دماغی رویے کو سمجھا کہ یہ ''چاند کے ساتھ مکالمہ تنہائی اور اسیری کے احساس کو ظاہر کرتا ہے'' بلکہ اس میں ''امید اور مایوسی کے درمیان کشمکش'' کو بھی درست انداز میں بیان کرنے کی کوشش کی۔ یہ نظم انٹرنیٹ پر موجود ہے اس لیے یہ عین ممکن ہے کہ چیٹ جی پی ٹی کو معلوم ہو گیا ہو کہ اس کا خالق کون ہے لیکن اس نے نفسیاتی جائزے میں

کہیں اس کا ذکر نہیں کیا بلکہ معروضی انداز میں نظم میں امید اور مایوسی کے حوالے سے انسانی رویوں اور رجحانات پر بات کی ہے۔ اس کا تجزیہ اگر چہ کامل نہیں لیکن ناقص بھی نہیں ہے کیوں کہ یہ قاری کو قریباً درست انداز میں فکری زاویے مہیا کرتے ہوئے شاعر کے دماغی رویوں اور رجحانات کو جاننے اور جانچنے میں مدد مہیا کرتی ہے۔ نظم کے سرخیوں سمیت تجزیے سے اندازہ لگایا جاسکتا ہے کہ اس کی تنقیدی بصیرت، جو ابھی ابتدائی درجے کی ہے ارتقائی منازل طے کرنے کے بعد کس مقام تک پہنچ سکتی ہے۔

مصنوعی ذہانت کے کارناموں میں سے ایک اور کارنامہ ترجمہ نگاری کا ہے۔ گو کہ اردو ادب میں مشینی ترجمہ نگاری کے مسائل نئے نہیں ہیں لیکن مصنوعی ذہانت نے انھیں گوگل ٹرانسلیشن سے ایک قدم آگے پہنچا دیا ہے۔ یہ متن کو سمجھ کر ترجمہ کرتی ہے تاکہ بین السطور کا تعلق ٹوٹ نہ پائے؛ مزید یہ کہ اس کے ترجمے کی استعداد اور لفظی تعداد گوگل اور بنگ سے زیادہ ہے۔ اس ضمن میں جہاں مصنوعی ذہانت نثر کے ترجمے پر بہتر کام کر رہی ہے، وہیں شعری تراجم جو کہ محنت شاقہ طلب کرتے ہیں، انھیں بھی بہ خوبی نبھا رہی ہے۔ غالب کا یہ شعر ملاحظہ کیجیے جو معاشرتی جبر اور تلمیحات (conventions and codes) لیے ہوئے ہے۔ اس میں تیشے سے فرہاد کا خود کو مارنا، اس کے پس منظر میں شیریں کے والد کی شرط، اور اس سے جڑی اردو اور فارسی کی شعری روایت موجود ہے۔ اسے سمجھنے کی کوشش کرنا اور اس کا انگریزی یا دنیا کی کسی بھی معروف زبان میں ترجمہ کر دینا اعلیٰ ذہنی استعداد کا تقاضا کرتا ہے۔ مصنوعی ذہانت کے تراجم کا انسانی تراجم سے موازنہ اس حوالے سے اہمیت کا حامل ہے کہ اس کی کمی کوتاہیوں کی نشان دہی کرتے ہوئے اس کے بانیان تک پیغام پہنچایا جائے تاکہ یہ بہ طور معاون وار دو دان طبقے کی بہتر خدمت سرانجام دے سکے۔

تیشے بغیر مر نہ سکا کوہکن اسد
سرگشتہ خمارِ رسوم و قیود تھا

انگلش ترجمہ از یوسف حسن:

O Asad, even Kohkan
Could not die without an axe
He was bewildered with the intoxication
of customs and traditions.

انگلش ترجمہ از روشن چغلا:

What is this way to die in love
Farhad struck the axe on the head
When only a deep grieving gasp
To end the life of Asad is enough

انگلش ترجمہ از گوگل بارڈ/جمنی:

The mountain-cutter Asad could not die without his chisel, He was intoxicated by the intoxication of customs and restrictions.

انگلش ترجمہ از چیٹ جی پی ٹی:

Asad, the mountain climber, could not die without reaching the summit,
Intoxicated by the passion for breaking norms and constraints

پیش کیے گئے دونوں انسانی تراجم با محاورہ اور نثری تراجم ہیں نہ کہ منظوم۔ منظوم ترجمے کی سہولت مصنوعی ذہانت مہیا کرتی ہے۔ اپنے ترجمے میں یوسف حسن نے کوہکن کا ترجمہ 'Kohkan' ہی کیا ہے جو ظاہر ہے انگلش میں اس لفظ کے متبادلات موجود ہونے کی وجہ سے درست نہیں ہے۔ روشن چغلا نے کوہکن کی جگہ اصل نام فرہاد استعمال کیا ہے۔ یہ توضیحی ترجمے کے حوالے سے تو درست ہے لیکن لفظی ترجمے کے حوالے سے اس پر سوال اٹھایا جا سکتا ہے۔ جمنی نے کوہکن کا لفظی ترجمہ کیا ہے اور بہت حد تک متن کی روح کے قریب ہے جب کہ چیٹ جی پی ٹی کا ترجمہ بھی قریب قریب درست ہے۔ یوں مصنوعی ذہانت کا ترجمہ اگرچہ یوسف حسن اور روشن چغلا سے بہت اچھا نہیں ہے لیکن ان سے کم بھی نہیں ہے۔ اگر یہ شعر آسان ہو تو یہ بھی امید کی جا سکتی ہے کہ مصنوعی ذہانت اس میدان میں انسانی ذہانت سے آگے بڑھ سکتی ہے۔ اسی شعر کا چیٹ جی پی ٹی کی جانب سے منظوم ترجمہ ملاحظہ کیجیے جو کہ اصل شعر کی روح کے قریب ہے۔

Asad, the climber, met his fate,
On peaks, he couldn't meet death's gate.
Intoxicated by passion bold,
Breaking norms, in stories untold.

غالب کا ایک اور مشکل شعر ملاحظہ کیجیے جسے ان قارئین کے لیے سمجھنا مشکل ہے جنھیں شاعری سے زیادہ شغف نہیں یا لغت و تاریخ کا مطالعہ کمزور ہے۔ اس کے انگلش مترجمین جو یقیناً شعر کے سیاق سے پوری طرح واقف ہیں۔ ذیل میں ان کے ترجمے کا موازنہ مصنوعی ذہانت کے ترجمے سے کیا گیا ہے۔

نہ ہوگا یک بیاباں ماندگی سے ذوق کم میرا
حباب موجۂ رفتار ہے نقش قدم میرا

انگلش ترجمہ از یوسف حسن:

My pleasure will not diminish with a single wilderness
The bubble is the wave's speed, the imprint, my stride

انگلش ترجمہ از روشن چغلا:

My wanderings in the wilderness
Unperturbed by my weary feet
Advancing steps in the field of love
Shall keep peace with bubbling zeal

انگلش ترجمہ از گوگل بارڈ

My zest will not diminish with a life of wandering, The bubble of the wave of motion is my footprint.

انگلش ترجمہ از چیٹ جی پی ٹی

My zest for roaming will not be curbed
Even by a desert of weariness
My foot print is bubble
On the wave of my gait

اہم بات یہ ہے کہ گوگل بارڈ، ترجمے کے ساتھ از خود وضاحت بھی مہیا کرتا ہے تا کہ سمجھنے کے لیے زیادہ آسانی ہو۔

In this poem, Mirza Ghalib expresses his love of life and adventure. He says that he will not lose his zest for life, even if he spends his life wandering in the desert. He compares his life to a bubble on the surface of a wave. The bubble is constantly moving and changing, but it is also beautiful and ephemeral. Ghalib says that his life is like this bubble. It is always changing and evolving, but it is also full of beauty and excitement.

یوں ان تمام تراجم کو دیکھا جائے تو یہ شعر کی روح کے قریب ہیں۔ بالخصوص گوگل بارڈ/جمنی کا ترجمہ اس کی توضیح کے حوالے سے دیکھا جائے تو اس بات کی مزید تصدیق ہو جاتی ہے کہ یہ ترجمہ یقیناً درست ہے اور یہ شعر کی روح تک پہنچ پایا ہے۔ مذکورہ توضیح کے پہلے تین جملے بالکل درست ہیں آخری جملے پر بہ ہر حال بحث کی گنجائش موجود ہے۔

مصنوعی ذہانت کسی ادب پارے کو کن حوالوں سے جاننے کی کوشش کرتی ہے، اس کے بارے میں کیسے سوچتی ہے اور کس طرح ایک صارف کو اس کے متنوع سوالات کے جوابات مہیا کرتی ہے۔ اس حوالے سے بھی متعدد تجربات کیے گئے جن میں سے ایک تجربہ یہ کیا گیا کہ میر تقی میر کے محض ایک شعر کی تدریس کے لیے آسان سبقی خاکہ بنانے کی کمانڈ دی گئی۔ اس نے جو خاکہ تیار کیا اُس سے اس کے زاویہ ہائے فکر کھل کر سامنے آتے ہیں۔ گوگل بارڈ نے نہ صرف شعر کے الفاظ معانی اور تشریح بیان کرنے کی کوشش کی اور شعری محاسن کا ذکر کیا بلکہ طلبہ کے لیے مشقی سوالات بھی پیش کیے۔ شعر، اس سے متعلق کمانڈ اور خاکہ ملاحظہ کیجیے:

کمانڈ: ''میں میر تقی میر کا یہ شعر ادب کے طلبا کو پڑھانا چاہتا ہوں۔ اس پر نوٹس تیار کیجیے کہ کس طرح پڑھایا جائے اور کون سے زاویے دیکھے جائیں؟

چمن میں گل نے جو کل دعوی جمال کیا
جمال یار نے منہ اس کا خوب لال کیا''

شعر کا متن: چمن میں گل نے جو کل دعوی جمال کیا جمال یار نے منہ اس کا خوب لال کیا۔

شعر کا معنی: چمن میں گل نے کل اپنی خوبصورتی کا دعوی کیا تھا، لیکن یار کے جمال نے اس کا منہ لال کر دیا۔

شعر کی تشریح: اس شعر میں میر تقی میر نے حسن و جمال اور عشق و محبت کے درمیان تضاد کو بیان کیا ہے۔ گل کو حسن و جمال کا استعارہ لیا گیا ہے۔ گل کا دعویٰ جمال کرنا اس بات کا اشارہ ہے کہ وہ اپنی خوبصورتی پر ناز کرتا ہے۔ یار کا جمال اس کی عشق و محبت کو ظاہر کرتا ہے۔ یار کے

جمال سے گل کا منہ لال ہو جانا اس بات کا اشارہ ہے کہ وہ یار کی محبت میں گرفتار ہو گیا ہے۔

شعر کی تکنیکی خوبیاں: زبان اور بیان: شعر کی زبان سادہ اور سلیس ہے۔ بیان میں روانی اور تاثیر ہے۔

قافیہ اور ردیف: شعر میں قافیہ 'جمال' اور ردیف 'لال' ہے۔ قافیہ اور ردیف کا استعمال خوبصورتی پیدا کرتا ہے۔

تصویر کشی: شعر میں حسن و جمال اور عشق و محبت کی خوبصورت تصویر کشی کی گئی ہے۔

شعر کی تفسیر: اس شعر کو مختلف زاویوں سے دیکھا جا سکتا ہے۔ ایک زاویہ یہ ہے کہ یہ شعر حسن و جمال اور عشق و محبت کے درمیان تضاد کو بیان کرتا ہے۔ گل کی خوبصورتی عارضی ہے، جبکہ یار کی محبت دائمی ہے۔ دوسرا زاویہ یہ ہے کہ یہ شعر ایک اخلاقی درس بھی دیتا ہے۔ یہ شعر ہمیں یہ سبق دیتا ہے کہ حسن و جمال عارضی ہے، جبکہ عشق و محبت دائمی ہے۔

شعر پڑھانے کے لیے تجاویز: شعر کو پڑھانے سے پہلے، اس کی تشریح اور تفسیر کریں۔ شعر کو پڑھتے وقت، اس کی قافیہ اور ردیف پر توجہ دیں۔ شعر کو پڑھتے وقت، اس کی تصویر کشی پر توجہ دیں۔ شعر کو پڑھتے وقت، اس کے معنی کو واضح کریں۔

طلباء سے سوالات: شعر میں گل کو حسن و جمال کا استعارہ کیوں لیا گیا ہے؟ شعر میں یار کا جمال کن چیزوں سے تعبیر کیا گیا ہے؟ شعر میں قافیہ اور ردیف کا کیا اثر ہے؟ شعر کیا سبق دیتا ہے؟

طلباء کو مشقیں: شعر کو دوبارہ لکھنے کی مشق کروائیں۔ شعر کی تشریح اور تفسیر کرنے کی مشق کروائیں۔

شعر کے موضوع پر ایک مضمون لکھنے کی مشق کروائیں۔

'شعر کی تشریح' کے عنوان سے سرخی میں جمال یار سے گل کے منھ لال ہونے کا احوال درست بیان نہیں کیا گیا البتہ 'شعر کی تفسیر' کے عنوان سے عشق کی دائمی جیت اور حسن کے زوال کے حوالے سے جو اخلاقی درس دیا گیا ہے وہ درست ہے اور شعر کو سمجھنے کی ایک کاوش ہے۔ اسی طرح 'قافیہ اور ردیف' اور 'تصویر کشی' کے عنوان کے تحت بھی خاکہ کے درست نکات موجود ہیں جس سے اندازہ لگایا جا سکتا ہے کہ یہ بہ ذاتِ خود کس طرح چیزوں کے بارے میں سوچتی ہے اور صارف کو جواب مہیا کرتے ہوئے مدنظر رکھتی ہے۔ اس سے اردو تدریس سے منسلک طبقہ سبق کی تیاری یا

کسی بھی موضوع کو سمجھنے، سمجھانے کے لیے مدد لے سکتا ہے۔

مصنوعی ذہانت اور تحقیق کے حوالے سے بات کی جائے تو اردو میں تحقیقی مواد نہ ہونے کے سبب یہ انٹرنیٹ پر پھیلے مواد پر زیادہ انحصار کرتی ہے اور اس کے نتائج اکثر ناقص ہوتے ہیں، البتہ یہ تحقیقی موضوع پر عمدہ خاکے مہیا کر دیتی ہے جن کی روشنی میں تحقیق کے بہتر نتائج کی جانب بڑھا جا سکتا ہے۔ تحقیق ہی کے حوالے سے ایک نہایت اہم مسئلہ مصنوعی ذہانت سے نقل شدہ متن کے حوالہ جات کا ہے جس کے لیے اردو دنیا میں تا حال نہ تو کوئی طریقہ رائج ہے اور نہ ہی کوئی ضابطہ مقرر کیا گیا ہے۔ چنانچہ جس طرح عموماً ویب سائٹ کے کنجِ مخفی (لنک) کو نقل کرتے ہوئے وقت اور تاریخ ساتھ تحریر کر دیے جاتے ہیں، اس پر اُس طریقہ کار کا اطلاق نہیں ہوتا کیوں کہ ہر شخص کے ساتھ چیٹ بوٹ بات کرتے ہوئے الگ الگ ذاتی ربط (لنک) مہیا کرتے ہیں۔ اگر اس ربط کو نقل کر بھی لیا جائے تو اس سے نقل شدہ مواد (ڈیٹا) کی تصدیق نہیں کی جا سکتی، جس کی وجہ یہ ہے کہ یہ اصل صارف کا ذاتی لاگن اکاؤنٹ ہوتا ہے اور اس کے علاوہ کسی اور کے پاس استعمال نہیں ہو سکتا۔ دوسری جانب بنا حوالہ متن نقل کرنا تین قسم کے مسائل کا پیش خیمہ ثابت ہوتا ہے:

۱۔ تحقیقی اخلاقیات کا مسئلہ: کم علم، کام چور یا مختصر وقت میں زیادہ تحقیقی کام کرنے کے خواہش مند حضرات کا اس کو بنا حوالہ استعمال کرنا۔

۲۔ متن کہاں سے حاصل کیا گیا ہے اور کیا مہیا کیا گیا متن دہرایا تو نہیں گیا یا یہ کہ متن کسی اور کو ایک جیسی کمانڈ یا سوال کے جواب میں مہیا تو نہیں کیا گیا یا کیا جائے گا، اس کی تصدیق نہیں ہو پاتی، نہ ہی اس ضمن میں اس پر کامل اعتبار کیا جا سکتا ہے۔

۳۔ مصنوعی ذہانت کے تعصّبات اور حدود بندی: کسی خاص موضوع پر تحقیق کرتے ہوئے یہ کئی بار درست جواب نہیں دیتی یا جواب کے حوالے سے کہتی ہے کہ مجھے اس کی اجازت نہیں یا پھر عین ممکن ہے کہ اس کے بنانے والے کے نظریات وعقائد کے تعصّبات بھی اس کے کسی مخصوص نوعیت کے جواب میں شامل ہوں۔

۴۔ جس طرح عموماً ویب سائٹس سے منتقل کرتے ہوئے، مصنف کا نام بھی دے دیا جاتا ہے، مصنوعی ذہانت کی صورت میں یہ مسئلہ درپیش رہتا ہے کہ مصنف کا نام کس طرح دیا جائے اور اس کی مدد سے حاصل کیے گئے مواد یا ڈیٹا کا درست اندراج کس صورت میں ممکن ہو۔

اس کے حل کے لیے دنیا بھر میں مختلف علوم وفنون پر ہونے والی ایسی تحقیقات کا جائزہ

لیا جا سکتا ہے جس میں مصنوعی ذہانت کے حوالہ جات شامل ہیں۔ مثال کے طور پر ریسرچ گیٹ ایسے دنیا کے سب سے بڑے تحقیقی فورم (ویب سائٹ) پر اب ایسے بہت سے مقالات دیکھے جا سکتے ہیں جن میں محققین و ناقدین مصنوعی ذہانت کے اشتراک سے تحقیق کرتے ہوئے اس کا نام مثلاً چیٹ جی پی ٹی اور گوگل بارڈ/ جمنی کو محققین و ناقدین کی فہرست میں شامل کرتے ہیں۔ راقم ایسے بہت سے مقالات دیکھ چکا ہے اور اس ضمن میں ریسرچ گیٹ ویب سائٹ کو دیکھا جا سکتا ہے۔ اسی طریقہ کار کو اردو محققین بھی استعمال کر سکتے ہیں لیکن اس ضمن عالمی تحقیقی مینوئیل (APA Research Manual) اور ہائیر ایجوکیشن کمیشن وغیرہ کی اجازت درکار ہو گی جب کہ اس جانب اداروں اور محققین کی توجہ نہ ہونا تحقیقی اخلاقیات میں گراوٹ کا سبب بنے گا۔ بہ ہر حال اس فوری مسئلے سے بچنے کے لیے مصنوعی ذہانت سے متن کی نقل کے حوالے کے لیے درج ذیل طریقہ اختیار کیا جا سکتا ہے:

اوپن اے آئی (نام: چیٹ جی پی ٹی یا جمنی وغیرہ)، ورژن (جو بھی ہو مثلاً ۳.۵ یا 4)، جوابی متن بابت (جو بھی سوال یا کمانڈ دی گئی ہو)، تاریخ اور وقت۔

سفارشات:

ا۔ مصنوعی ذہانت متن تخلیق کرنے کی صلاحیت رکھتی ہے۔ یہ کردار اور پلاٹ تخلیق کرنے کی بھی جزوی صلاحیت سے بہرہ مند ہے بشرط یہ کہ اسے درست کمانڈ دی جائے۔ یہ صلاحیت شاعری اور افسانوی نثر میں ابتدائی درجے کی ہے جسے صنعتی (کمرشل بنیادوں) پر درست کیا جا سکتا ہے۔ غیر افسانوی نثر میں یہ بہتر کام کر رہی ہے اور اس کا کام نہ تو بالکل ابتدائی درجے کا ہے اور نہ ہی کسی مشاق ادیب کے رتبے کو پہنچی ہے۔ اردو زبان ایسی زبانوں میں شامل ہے جس کے کثیر صارف اسے مفت استعمال کر رہے ہیں جب کہ مصنوعی ذہانت کے بانیان اسے صنعتی سطح پر چلا رہے ہیں۔ اس لیے، فیس ادا کرنے کی بعد اس کی تخلیقی، تحقیقی اور تنقیدی استعداد معتدل اور بہتر درجے پر فعال نظر آتی ہے جس کے نمونہ جات پیش کیے جا چکے ہیں۔ اس حوالے سے اردو دان طبقے اور سرکاری اداروں کو خصوصی توجہ دینی چاہیے تاکہ مصنوعی ذہانت کے بانیان سے رابطہ کر کے اردو زبان و ادب کے حوالے سے اس کی باقاعدہ تربیت کا اہتمام کیا جائے۔ اور کچھ نہیں تو کم از کم اس مفت ورژن کے لیے بھی صرف و نحو کے مسائل کی درستی کروالی جائے تاکہ زبان کی ترقی کا سفر تعطل کا شکار نہ ہو گا۔ اس میں اردو کی قدیم املا جیسے ''جنھیں، انھیں'' وغیرہ

مستعمل ہے، اسے بھی جدید املا سے تبدیل کرنے کے لیے اس کے بانیان سے رابطہ ضروری ہے۔
۲۔ کمانڈ دیتے وقت، زیادہ سے زیادہ واضح اور جزئیات کے ساتھ کمانڈ دی جائے اور ہم آواز الفاظ جیسے شِیر اور شَیر کے اعراب ساتھ دیے جائیں۔ اس سے اغلاط کے امکانات کم ہو جاتے ہیں۔
۳۔ مصنوعی ذہانت کی شعری تخلیقات بے وزن اور غیر سنجیدہ ہیں۔ اس ضمن میں اسے عروض کے الگورتھم کو سیکھنے کی ضرورت ہے جو کہ پہلے سے کچھ سافٹ وئیرز نے سیکھا ہوا ہے اور ان کا ذکر پہلے کیا جا چکا ہے۔ اردو ادارے، اس حوالے سے بالخصوص گوگل بارڈ/ جمنی اور چیٹ جی پی ٹی کی مدد کر سکتے ہیں۔
۴۔ مصنوعی ذہانت نے ایسے ریاضیاتی کلیے اور الگورتھم ایجاد کیے ہیں جن کے تحت تخلیق کے عمومی معیارات و نظریات میں تبدیل رونما ہوئی ہے۔ زبان کے بہت سے نظریات جن میں سوسئیر، رولنڈ بارتھیز اور جولیا کرسٹوا ایسے معروف نظریہ سازوں کے نظریات بھی شامل ہیں، مشینی تخلیق کاری کی صلاحیت کے مقابل نئے امکانات و استفسارات کا سامنا کر رہے ہیں۔ اس سلسلے میں ان نظریات کی تردید و تائید کے لیے نئے مباحث قائم کرنے کی ضرورت ہے تا کہ لسانیات کے دامن میں بھی وسعت آئے اور نئی نظریہ سازی کی جا سکے۔ اس حوالے سے انسان اور مشین کے تعاملات (HCI) کے ماہرین و محققین، انفارمیشن ٹیکنالوجی کے اساتذہ اور عہدِ حاضر کے اہم ماہرینِ لسانیات سے مدد لی جا سکتی ہے۔ مختلف زبان و علوم کے ماہرین کے درمیان مکالمے کا فروغ بھی اس سلسلے میں معاون ثابت ہو سکتا ہے۔
۵۔ مصنوعی ذہانت کی ترقی کی موجودہ صورتِ حال اردو زبان و ادب کے مروجہ معیارات سے ایک قدم آگے بڑھنے سے قاصر ہے لیکن یہ تیز رفتاری جاری رہی تو اس کے مستقبل کے بارے میں یہ بھی کہا جا سکتا ہے کہ اس کے مقابل بہت اعلیٰ صلاحیتوں کے حامل تخلیق کار، محقق اور نقاد ہی ٹھہر پائیں گے۔ اس لیے انسانی تخلیقی صلاحیتوں کو بڑھانے اور اس سلسلے میں مناسب رہنمائی کا سامان بھی وقت کی اہم ضرورت ہے۔
۶۔ مصنوعی ذہانت کی یادداشت کا ذخیرہ بلاشبہ انسانی دماغ میں موجود الفاظ سے زیادہ ہے۔ اسی طرح یہ چھوٹے پیمانے پر متن کی تشریح و توضیح کی صلاحیت بھی رکھتی ہے۔ زبان و ادب کے اساتذہ کو اس حوالے سے تربیت حاصل کرنی چاہیے تا کہ وہ طلبا کی بہتر رہنمائی، مقالات و

تفویض کار کی سرقہ بازی اور اصلیت کی جانچ پرکھ کو یقینی بنا سکیں۔ اردو زبان و ادب کے حوالے سے مصنوعی ذہانت پر تحقیق و تنقید کے لیے حکومتی سطح پر ایک ایسی کمیٹی بنی چاہیے جس کی سفارشات کو عالمی سطح پر قبول کیا جائے اور اس کی بہتری ہر صورت میں ممکن ہو۔

۷۔ مصنوعی ذہانت ترجمہ اور بین العلومی تحقیق میں ذخیرہ الفاظ اور تیز رفتاری کے باعث انسانوں سے ایک درجہ آگے کھڑی نظر آ رہی ہے؛ لیکن یہ بھی حقیقت ہے کہ اسے ابھی زبان دان طبقے سے بہت کچھ سیکھنا اور سمجھنا ہے۔ اردو دان طبقے کو اسے ادب دشمن سمجھنے کے بجائے ادب کا معاون سمجھنے، اس کی جانب مثبت رویہ رکھنے اور سنجیدہ انداز میں جائزہ لینے کی ضرورت ہے تاکہ ابتدائی اور درمیانے درجے کی تخلیق، تحقیق اور تنقید میں انجماد کی صورت میں اس سے مدد لی جا سکے اور اس کی اغلاط کو اس کے بانیان کے علم میں لا کر درست کیا جا سکے۔

۸۔ اس سے تخلیق کیے جانے والے ادب کو 'مشینی ادب' اور اس کی مدد سے تخلیق کیے جانے والے ایسے ادب کو جس میں انسانی ذہانت کا دخل بھی ہو، ''انسان مشینی ادب'' کا نام دیا جائے۔

۹۔ تحقیق کے ضمن میں اس سے حوالہ دینے کا طریقہ ہائیر ایجوکیشن کمیشن کی جانب سے طے ہونا چاہیے تاکہ سرقہ بازی اور حوالہ نہ دینے کے دونوں رجحانات سے بچا جا سکے۔ اس ضمن میں درج ذیل طریقہ اختیار کیا جا سکتا ہے:

اوپن اے آئی (نام: چیٹ جی پی ٹی یا جمنی وغیرہ)، ورژن (جو بھی ہو مثلاً ۳.۵ یا 4)، جوابی متن بابت (جو بھی سوال یا کمانڈ دی گئی ہو)، تاریخ اور وقت۔

جب کہ ایسی تحقیقات و تنقیدات جس میں یہ معاون ہو، ان میں اس کا باقاعدہ نام شامل کیا جانا چاہیے۔

۱۰۔ سرقہ پکڑنے والے سافٹ ویئر جن میں ''turnitin'' سرِ فہرست ہے، اسے مصنوعی ذہانت کا اردو سرقہ پکڑنے کے لیے بہتر کیا جانا چاہیے اور ضمن میں اس کے بانیان سے حکومتی سطح پر رابطہ وقت کی اہم ضرورت ہے۔

حواشی و حوالہ جات

* (پ: ۱۹۸۵ء) لیکچرر، گورنمنٹ کالج ویمن یونیورسٹی، سیالکوٹ۔

Bibliography

Abdullah, Syed. Ishārāt-i Tanqīd. Delhi: Jamal Press n.d.

Agha, Wazir. Takhliqī Amal. New Delhi: International Urdu Publications 2005.

Agha, Wazir". Takhlīqī Amal aur Eski Sākht". Ma'eni aur Tanāzur. New Delhi: International Urdu Publications 2000.

Akhtar, Saleem. Takhlīq, Takhlīqī Shaksīyāt aur Tanqīd. Lahore: Sang-i Mīl Publications 1989.

Aleeg, Qazi Saeed Uddin Ahmed. Shar-i Dīwān-i Ghālib. Delhi: Ghālib Acadmey 1926.

Amjad, Majeed".Kuliyāt-i Majīd Amjad ".Ed. Khawājah Muhammad Zakrīyā. Delhi: Farīd Book Depot 2011.

Ansari, Asloob Ahmed".Adab kī Qadrei□". Tanqīd-o-Takhlīq. Allahabad: Idārā-i Anīs, 1965.

Askari, Muhammad Hassan. Takhlīqī Amal aur Aslūb. Muhammad Sohail Umar Lahore: Sang-i Mīl Publications 1989.

Ayub, Asma".The Impact of Aritificial Intelligence on the Development of Literary Critic's Abilities". Journal of Literary Sciences 27)2022.(

Barthes, Ronald".The Death of the Author". Image-Music-Text. Trans. Stephen Heath. London: Fontana Press, 1977.

Faiz, Faiz Ahmed. Kulīyāt-i Faiz Delhi: Naaz Publishing House n.d.

Farooqi, Muhammad Ahsan".Adab aur Takhaiyul". Ed. Shahid Ahmad Delhvi. Karachi: International Press, 1964.

Hanfi, Shameem. Tārīkh, Tehzīb aur Takhlīqī Tajurbah. Lahore: Sang-i Mīl Publications 2006.

Hashmi, Mehmood".Takhlīqī Amal kiyā hai" Farooqi, Shams ur Rehman. Shab Khoon. Allahbad 1968.

Kristeva, Julia. Desire in Language: A Semiotic Approach to Literature and Art. Trans. Alice Jardine and Leon S. Roudiez Thomas Gora. Colubmia: Columbia University Press, 2024.

.-Revolution in Poetic Language. Trans. Margaret Waller. Columbia: Columbia University Press, 1984.

Lamott, Anne. Bird by Bird, Some Instructions on Writing and Life New York: Anchor Books 1995.

Mehr, Ghalib Ghulam Rasool. Nava-i Sarosh Mukammal Dīwān Ma Shar. Lahore: Sheikh GHulam Ali and Sons n.d.

Mīr, Mīr Taqī. Kulīyāt-i Mīr. Ed. Ibādat Barelvī. Vol. 1.Karachi: Urdu Dunya, 1958.

Mohani, Hasrat. Sharah-e-Dīwān-i Ghālib. Delhi: Farīd Book Depot 2004.

Rasheedi, Moeed. Takhlīq, Takhaiyul aur Isteyāra Delhi: Arshiya Publications, 2011.

Rehman, Shakeel ur. Mirzā Ghālib aur Hind Mughal Jamālīyāt. Sirinagar: Masūm Publications 1987.

Saussure, F. de".Course in General Linguistics". Trans. Wade Baskin. Columbia: Columbia University Press 1916.

Weizenbaum, Joseph".ELIZA – A Computer Program for the Study of Natural Langauge

Communication between Man and Machine". Communication of the ACM 9.1(1966)

چیٹ جی پی ٹی: خدشات و امکانات

ندیم اقبال

چیٹ جی پی ٹی کیا ہے؟

2023 سے اب تک بہت سے نئے سوفٹ وئیر متعارف کروائے گئے لیکن ایک ایسا سوفٹ وئیر جس نے دنوں میں مقبولیت حاصل کی، وہ سوفٹ وئیر 'چیٹ جی پی ٹی' ہے جسے دنیا کا ہر شخص اپنے کاروباری، علمی، عملی، فن، ڈویلپنگ، ڈیزائننگ، میوزک اور شعبے کی مصروفیات کے پیش نظر اپنے فن میں تحقیق اور مشکل وقت میں اُس چیز کا حل تلاش کر سکتا ہے۔ چیٹ جی پی ٹی (ChatGPT) ایک چیٹ بوٹ (Chat Bot) سافٹ وئیر ہے جو کہ کمپیوٹر، موبائل یا انٹرنیٹ صارفین اپنے ڈیوائسز پر اکاؤنٹ بنا کر استعمال کر سکتے ہیں جس میں جی پی ٹی کا انٹرفیس اوپن ہوتا ہے جس میں سب سے نیچے لکھنے کا آپشن موجود ہوتا ہے۔ جس پر چیٹ جی پی ٹی یوزر کے لکھے گئے سوالات کے جواب دنیا کی ہر زبان (Language) میں فراہم کر سکتا ہے۔ لیکن چیٹ جی پی ٹی کا فری ورژن 5.3 صرف انگلش زبان میں پوچھے گئے سوالات کا موثر انداز میں جواب فراہم کرتا ہے۔ بہت سے چیٹ بوٹس (Chat Bots) یوزر سے کی گئی گفتگو یا پوچھے گئے سوالات کی ہسٹری یاد نہیں رکھتے لیکن چیٹ جی پی ٹی یوزر کے پہلے پوچھے گئے سوالات یاد رکھتا ہے اور اس بنیاد پر پوچھے گئے سوال کا بہتر انداز میں جواب دیتا ہے۔ لکھے گئے سوالات کے جواب ڈھونڈنے کیلئے گوگل سرچ انجن کی طرح دقت پیش نہیں آتی۔

قارئین نے 2023 سے اب تک مقبول نام جسے دنیا جی پی ٹی کہتی ہے وہ سنا تو ہوگا یہ لفظ خود کیا ہے؟ اور اس لفظ کے اندر چھپی حقیقت کیا ہے؟

اگر ہم اس لفظ کو انگلش میں لکھیں تو GPT (Generative Pre-trained Transformer) کا مخفف ہے۔ جس کا مطلب یہ ہے کہ 'پہلے سے مرتب/ٹرینڈ کیا گیا ڈیٹا کو پیدا (Generate) کرنے والا' چیٹ کا مطلب 'لکھ کر پوچھے جانے والا سوال' کے ہیں یعنی کہ ٹائپ کیا گیا سوال جو بھی پوچھیں گے وہ پہلے سے مرتب/ٹرینڈ کیے گئے ڈیٹا کے مطابق اُس کا جواب دے گا۔ یہاں اب یہ سوال پیدا ہوتا ہے کہ پہلے سے مرتب/ٹرینڈ کئے گئے ڈیٹا سے کیا مراد ہے؟ اس سے مراد یہ ہے کہ گوگل جو ایک پاورفل سرچ انجن ہے جس نے دنیا کا سب ڈیٹا محفوظ کیا ہوا ہے اُسی طرح چیٹ جی پی ٹی نے اپنے چیٹ بوٹ ماڈل کو انٹرنیٹ سے ٹیکسٹ ڈیٹا بیس کا استعمال کرتے ہوئے تربیت دی تھی جس میں انٹرنیٹ پر کتابوں، ویب ٹیکسٹس، ویکیپیڈیا، مضامین اور دیگر تحریروں سے حاصل کردہ 570GB ڈیٹا شامل ہے۔ اس سے بھی زیادہ درست ہونے کے لیے، سسٹم میں 300 بلین الفاظ شامل کیے گئے ہیں۔

REF: https//:www.sciencefocus.com/future-technology/gpt-3

اس مرحلے تک پہنچنے کے لیے جہاں یہ ایسا کرسکتا ہے، ماڈل ایک زیر نگرانی جانچ کے مرحلے سے گزرا ہے۔

OpenAI(Open Artificial Intelligence) کیا ہے؟

Chat GPT کو فرانسسکو میں موجود (OPEN Artificial Intelligence) نے 30 نومبر 2022ء میں متعارف کروایا۔ OPEN AI بنیادی طور پر ایک مصنوعی ذہانت کی تحقیقی لیبارٹری ہے جسے 2015ء میں بنایا گیا تھا۔ جس کا بنیادی مقصد Artificial General Intelligence یعنی عام چیزوں میں مصنوعی ذہانت کا استعمال ہے۔ چیٹ جی پی ٹی OPEN AI ریسرچ کمپنی کی طرف سے مصنوعی ذہانت سے چلنے والا چیٹ بوٹ ہے جو انگلش اور دنیا کی ہر بولی جانے والی زبانوں میں یوزر کے پوچھے گئے سوالات کا ممکنہ جواب فراہم کرتا ہے۔ یہ کمپنی مصنوعی ذہانت رکھنے والے چیٹ بوٹ کو اپنے پاس موجود ڈیٹا سیٹ پر ٹرینڈ کرتا ہے اور کسی بھی موضوع بارے پوچھے جانے والے سوالات پر ChatGPT

نیورل ایلگورتھم اور مصنوعی ذہانت کے ذریعے ایک جواب پیدا کرتا ہے جو پوچھے گئے سوال کے جواب سے عین مطابقت رکھتا ہے۔ جس میں کوڈ لکھنے، موسیقی کمپوز کرنے، امتحانی مشکل سوالات کے جوابات دینے اور مختصر مضامین اور مضامین تیار کرنا بھی شامل ہے۔ یاد رہے کہ اوپن اے آئی سے پہلے GPT-3 اور Dell-E-3 جیسے اے آئی ٹولز بھی بنا چکی ہے جس میں یوزر ٹیکسٹ کے ذریعے تصاویر بنا سکتے ہیں۔

کیا چیٹ جی پی ٹی نے گوگل سرچ انجن کو مات دے دی؟

چیٹ جی پی ٹی سے پہلے گوگل نے کئی دہائیوں تک انٹرنیٹ پر راج کیا جس کی ایک بڑی نشانی یہ تھی کہ کسی شخص سے پوچھے جانے والے سوال جس کا وہ جواب دینے سے قاصر ہوتا وہ صرف یہ لفظ کہتا تھا کہ 'Just Google it' لیکن اب دور اور ٹیکنالوجی کے ساتھ ساتھ سننے اور کہنے والے لفظ بھی تبدیل ہو چکے ہیں۔ اب 'Just search from ChatGPT' بولنے اور سننے کو ملتا ہے۔ گوگل سرچ انجن میں یوزر کو اپنے پوچھے گئے سوال کے مطابق جواب خود ڈھونڈنا پڑتا ہے لیکن چیٹ جی پی ٹی آپ کے سوالات کے مطابق جواب مرتب (Generate) کر کے فراہم کرتا ہے۔ لیکن کسی مکالمہ بحث تحقیق/ کے درست جوابات حاصل کرنے کیلئے بوٹ (Bot) کو درست انگلش سمجھانا بہت ضروری ہے۔ اگر اردو بھی آتی ہے تو اس سے بھی چیٹ جی پی ٹی آپ کی مدد کر سکتا ہے لیکن انگلش میں اس کے جوابات قدرے زیادہ درست ہوتے ہیں۔

پیراڈائم (Paradigm) تبدیل ہونے کی وجہ

COVID-19 کے بعد ٹیکنالوجی میں جتنی تیزی سے تبدیلی آئی ہے شاید ہمیں اُس کا اندازہ لگانا مشکل ہے۔ جس سے پوری دنیا بزنس، کرنسی، تعلیم، جابز، ڈیلیوری سسٹم، ہیلتھ، فن، خرید و فروخت کے حوالے سے سب آن لائن شفٹ ہوئی ہے جس میں گھر بیٹھے international ڈگری اور کورسز کرنا۔ Remote Job، Work from Home، بہت سی یونیورسٹیاں، کالجز اور اکادمیوں میں طالب علم آن لائن تعلیم حاصل کرتے ہیں جس میں اُن کو گھر بیٹھے تعلیمی میدان میں نمایاں کامیابی بھی حاصل ہوئی ہیں۔ یہ سب کورونا کے دوران Develop ہوا ہے۔

چیٹ جی پی ٹی کی خصوصیات

OpenAI نے ChatGPT کو انٹرنیٹ اور دوسرے ذرائع سے معلومات کا استعمال کرتے ہوئے Trained کیا ہے جس میں دو لوگوں کے درمیان Debate اور بات

چیٹ بھی شامل ہے، جس سے یہ الگورتھم سیکھ کر انسان جیسی تحریر تیار کر سکے یہ انسانی دماغ سے ملتا جلتا کام بہت احسن طریقے سے سرانجام دیتا ہے۔چیٹ جی پی ٹی کا استعمال بہت سے شعبوں میں ترقی اور آسانی لانے کا پیش خیمہ ثابت ہوسکتا ہے جیسا کہ پیچیدہ سائنسی تصورات کی وضاحت، پروگرامنگ میں استعمال ہونے والی کوڈنگ، تخلیقی مضمون نویسی، لطیفے، نظمیں اور کسی بھی موضوع پر لکھی جانے والی کہانیاں شامل ہیں۔

چیٹ جی پی ٹی بوٹ انسان جیسی آواز میں سوال کا جواب دیتا ہے۔اوپن اے آئی ٹیکسٹ سے سپیچ ماڈل کی مدد سے صرف چند سیکنڈ پر مشتمل تقریر کی آڈیو انسانی آواز میں تیار کرسکتا ہے۔

موبائل فون میں ڈرائنگ ٹول کے استعمال سے تصویر کے مخصوص حصے پر توجہ مرکوز کرنے کی سہولت بھی دیتا ہے۔

GPT-4,5.GPT-3 کی مدد سے تصاویر کی پہچان کیلئے ملٹی ماڈل فیچر جو اصل اور نقل تصاویر میں پہچان کرسکتا ہے، اس سے نقلی تصاویر کی پہچان ہوسکے گی۔

ڈولپرز اور گرافک/ ویب ڈیزائنر کیلئے چیٹ جی پی ٹی نے کوڈ کو تلاش کرنے اور تصاویر کو بنانے کا عمل بھی بہت آسان کر دیا جس سے ڈولپرز اور ڈیزائنر کو ٹائم کی بچت اور کام کی جلد تکمیل حاصل ہوئی ہے۔

طالب علموں کے لیے چیٹ جی پی ٹی نے آسانیاں پیدا کر دیں جہاں سکول/ کالجز/ یونیورسٹی میں پوچھے گئے تجزیاتی سوالات کے جواب آسانی سے ڈھونڈ سکتے ہیں۔لیکن بہت سے ممالک نے ایجوکیشن سسٹم میں چیٹ جی پی ٹی کا استعمال بین کر دیا اور جی پی ٹی سے مرتب کیا گیا ڈیٹا کو خاص ٹول میں ڈال کر جانچا جاتا ہے۔

چیٹ جی پی ٹی استعمال کرنے والے اپنی سی وی (Curriculum Vitae) کو اپنی ضرورت کے مطابق بہتر بنا سکتے ہیں۔

ملازمت کے لیے انٹرویو کی تیاری بھی چیٹ جی پی ٹی کی مدد سے کی جاسکتی ہے جس سے جی پی ٹی انٹرویو میں پوچھے جانے والے سوال کے جواب بھی دکھا دیتا ہے جس سے ملازمت حاصل کرنے کے چانسز بڑھ جاتے ہیں۔

کھانا بنانے کے لیے کسی استاد کی ضرورت نہیں! اگر کھانا بنانا چاہتے ہیں صرف ڈش کا نام لکھیں تو ڈش بنانے کا پروسیس چیٹ جی پی ٹی آپ سے شیئر کردے گا۔جس سے کھانا آپ خود

بنا کر داد وصول کر سکتے ہیں۔
فلم بنانے کے لیے بھی یوزر چیٹ جی پی ٹی سے مدد حاصل کر سکتا ہے جس سے وہ ایک فلم بنانے کا تمام پروسیس یوزر کو شیئر کر دے گا جس سے یوزر فلم بنا کر روزگار کما سکتا ہے۔
hatGPT، 100 سے زیادہ مختلف زبانوں کو سمجھتا ہے یہ آپ کو ہسپانوی، فرانسیسی، جرمن، اطالوی، چینی، جاپانی وغیرہ سیکھنے میں بھی مدد کر سکتا ہے۔آپ ChatGPT کے ساتھ کسی دوسری زبان میں مکمل گفتگو کر سکتے ہیں، جس سے گفتگو کی مہارت کو بہتر بنانے میں مدد ملتی ہے۔
چیٹ جی پی ٹی آپ کے پاس ہمیشہ بات چیت کا ساتھی ہوگا۔

REF: https:
//www.microsoft.com/en-us/microsoft-365-life-hacks/
writing/using-chatgpt-for-foreign-language-learning

چیٹ جی پی ٹی نے ڈولپرز کی زندگی بہت سائل کی ہے جس سے کوڈ کی تلاش، کوڈنگ میں بگ (Bug) کو ڈھونڈنا اور درستگی شامل ہے۔
چیٹ جی پی ٹی کی مدد سے متعدد گیمز بھی کھیلی جاسکتی ہیں کیونکہ یہ چیٹ بوٹ ہے جس کی وجہ سے زیادہ تر گیمز الفاظ کی صورت میں ہی کھیلی جاسکتی ہیں۔
چیٹ جی پی ٹی کی اقسام اور چیٹ جی پی ٹی کا موجودہ ورژن فور
OpenAI کے ذریعہ تیار کردہ GPT ماڈل کے کئی ورژن ہیں۔ ہر ورژن میں قدرتی زبان میں بہتری اور سمجھنے میں پیش رفت کو شامل کرتے ہوئے نیا ورژن پچھلے کے مقابلے میں زیادہ بہتر اور مؤثر ہے۔OpenAI نے اب تک چیٹ جی پی ٹی کے 4 ورژن متعارف کروائے ہیں جس کی ابتداء ChatGPT-01 سے ہوئی، اس کی ٹیسٹنگ مختلف گروپس، کمپنیوں اور لوگوں سے کی جاتی ہے جو اُس ورژن پر اپنا فیڈ بیک دیتے ہیں جس کی بنا پر الگورتھم میں تبدیلی کی جاتی ہے اور اس میں ہر آنے والا ورژن پہلے ورژن سے بہت زیادہ مفید ثابت ہوتا ہے۔
ChatGPT-3.5 ورژن نے پروٹو ٹائپ اور فری ہونے کی وجہ سے بہت جلد شہرت حاصل کی اور عوامی فیڈ بیک کے بعد کمپنی نے بہت جلد ChatGPT-4 متعارف کرانے کا فیصلہ کیا جو 5.3 ورژن سے زیادہ مؤثر ہے۔
OpenAI نے ChatGPT-4 میں نئے فیچرز شامل کیے ہیں جو تحریری سوالات

کے ساتھ ساتھ بولنے، سننے اور دیکھنے کی بھی صلاحیت رکھتا ہے۔ جس میں بچوں کو سوتے وقت تلاوت/ نعت/ کلام/ موسیقی اور کہانی سنانا شامل ہے۔ اس میں سابقہ اور موجودہ تصاویر پر ردعمل جس میں پاسپورٹ شناخت کرنے اور امتحانات میں طالب علم شناخت کرنے میں آسانی پیدا ہو گی۔ یوزر کے کسی معاملات میں مشورہ مانگنے پر یورز کی رہنمائی، حتیٰ کہ چیٹ جی پی ٹی سے کسی آلہ/ ڈیوائس اور مشین کو ٹھیک کرنے کا مشورہ بھی مانگ سکتے ہیں۔ لیکن کمپنی نے فیس ادا کرنے والوں کو اس کے استعمال کی اجازت دی ہے۔

چیٹ جی پی ٹی کو بولنے اور سننے کے قابل بنانے سے یہ سری (Siri) جو ایک ورچوئل اسسٹنٹ ہے جسے Apple.inc نے اپنے iOS، iPad، watch، اور macOS آپریٹنگ سسٹمز کے لیے تیار کیا ہے۔ یہ آواز پر قابو پانے والا، ذہین پرسنل اسسٹنٹ ہے جو یوزر کے حکم کی ترجمانی اور جواب دینے کے لیے قدرتی زبان اور اسپیچ ریکگنیشن کا استعمال کرتا ہے۔ سری کو پہلی بار اکتوبر 2011 میں آئی فون 4S کے ساتھ متعارف کرایا گیا تھا۔

REF: https//:www.sri.com/hoi/siri/

الیکسا (Alexa) جو ایک ورچوئل اسسٹنٹ ہے جسے ایمیزون نے ایکو ڈیوائسز کے ساتھ ساتھ دیگر تھرڈ پارٹی ڈیوائسز میں استعمال کرنے کے لیے تیار کیا ہے۔ Alexa کو وائس کا جواب دینے، یوزر کو وائس معلومات فراہم کرنے اور سمارٹ ہوم ڈیوائسز کو کنٹرول کرنے کے لیے ڈیزائن کیا گیا ہے۔ یہ مختلف قسم کے کمانڈز اور پوچھ گچھ کو سمجھنے اور ان کا جواب دینے کے لیے قدرتی زبان اور مشین لرننگ کا استعمال کرتا ہے۔ جیسا کہ ایک پلیٹ فارم بن جائے گا جس سے یوزر بات کر سکیں گے اور بول کر اسے ہدایات دے سکیں گے اور وہ بول کر یوزر کو جوابات دے گا۔

چیٹ جی پی ٹی کی حدود

ChatGPT کا استعمال زندگی کے ہر شعبہ سے تعلق رکھنے والے کے لیے مفید ثابت ہوسکتا ہے، خاص طور پر طالب علم کے لیے جو امتحان کی تیاری، ہوم ورک اسائنمنٹس، یا تعلیمی تحریر میں مدد فراہم کرتا ہے۔ یہ ذہن میں رکھنا ضروری ہے کہ چیٹ جی پی ٹی جیسے اے آئی ماڈل کو اب بھی ٹرینڈ کیا جا رہا ہے۔ جس میں موجودہ حدود بھی شامل ہیں:

غلط جوابات

ChatGPT میں مسلسل ترقی ہو رہی ہے اور اس کے ماڈل کو نئے ڈیٹا کے ساتھ

ٹرینڈ کیا جا رہا ہے تو اس سے لامحالہ غلطیاں ہو سکتی ہیں۔ اپنے کام میں استعمال کرتے ہوئے اس کے جنریٹ کئے ہوئے جواب کو دو بار چیک کرنا بہت ضروری ہے، کیونکہ یہ حقائق پر مبنی اور استدلال کی غلطیاں کر سکتا ہے۔ ماہر موضوعات جیسے گرائمر یا ریاضی کے بارے پیچیدہ سوال کے جواب دینے میں قابل بھروسہ نہیں ہے جسے قابل اعتماد ذرائع کے ساتھ دو بار چیک کریں۔ ChatGPT نے متعدد جگہ غیر موجود قانونی دفعات کا حوالہ دیا ہے جو اس نے یہ کہنے سے بچنے کیلئے جواب دیئے ہیں کہ "اسے کوئی جواب معلوم نہیں ہے"

متعصب جوابات

ChatGPT میں AI ٹولز کا وسیع پیمانے پر استعمال ثقافتی اور نسلی شائستگی کو نقصان پہنچا سکتا ہے۔ اگر متعصب اندازوں سے وہ علم کے حصول کا تعین کرتا ہے تو اس بات کے امکانات ہیں کہ متعصّبانہ نتائج برآمد ہوں گے۔ اگرچہ یہ ایک چیلنج ہے جس کا سامنا تقریباً ہر AI ٹول کو کرنا پڑتا ہے، لیکن بڑے پیمانے پر ٹیکنالوجی تعصب مستقبل میں ایک اہم مسئلے کی نمائندگی کرتا ہے۔

انسانی بصیرت کا فقدان

اگرچہ ChatGPT مخصوص سوالات کے جوابات پیدا کرنے میں کافی ماہر ہے، لیکن یہ بالآخر انسان نہیں ہے۔ اس طرح یہ صرف انسانی رویے کی نقل کر سکتا ہے، خود اس کا تجربہ نہیں کر سکتا۔ یہ کسی موضوع کے مکمل سیاق وسباق کو نہیں سمجھ سکتا۔ اس میں جذباتی ذہانت نہیں ہے اور وہ طنز، ستم ظریفی یا مزاح جیسے جذباتی اشارے کو نہیں پہچانتا۔ اس کی جسمانی موجودگی نہیں ہے اور یہ انسانوں کی طرح دنیا کو دیکھنے اور سننے کی صلاحیت نہیں رکھتا۔ اس کے پاس حقیقی دنیا کے تجربات یا شعور کا علم نہیں ہے یہ کسی موضوع کا خلاصہ اور وضاحت کر سکتا ہے لیکن منفرد بصیرت پیش نہیں کر سکتا۔

زیادہ لمبے (لفظی) جوابات

چیٹ جی پی ٹی کے تربیتی ڈیٹا سیٹس اسے مختلف زاویوں سے کسی موضوع کا احاطہ کرنے کی ترغیب دیتے ہیں، ہر اس طریقے سے سوالات کے جوابات دیتے ہیں جن کا وہ تصور کر سکتا ہے۔ اگرچہ یہ کچھ طریقوں سے مثبت ہے یہ پیچیدہ موضوعات کی بہت اچھی طرح وضاحت کرتا ہے یقینی طور پر ایسے موضوعات ہیں جہاں بہترین جواب "ہاں" یا "نہیں"۔ زیادہ وضاحت کرنے کا یہ رجحان ChatGPT کے جوابات کو حد سے زیادہ غیر رسمی اور بے کار بنا سکتا ہے۔

چیٹ جی پی ٹی کی ترقی سے انسانی مستقبل کو خدشات

ChatGPT جیسے ٹولز کی ترقی اور تعیناتی اہم اخلاقی، سماجی اور اقتصادی تحفظات کو بڑھاتی ہے۔ اگرچہ جہاں ممکنہ فوائد ہیں، وہاں ایسے خدشات بھی ہیں جن پر محتاط غور اور ذمہ دارانہ انتظام کی ضرورت ہے۔ چیٹ جی پی ٹی جیسے ماڈلز زیادہ قابل ہونے سے مختلف ملازمتوں کے ممکنہ آٹومیشن خدشات بڑھتے جائیں گے۔ جس سے بے روزگاری اور معاشی خلل بڑھے گا۔ ضرورت اس چیز کی ہے کہ معاشروں کو تخلیقی ترقی کے مطابق کیسے ڈھالنا چاہیے؟

پرنسٹن، پنسلوانیا اور نیویارک یونیورسٹی کے محققین کی ایک نئی تحقیق سے معلوم ہوا ہے کہ ٹیلی مارکیٹرز اور اساتذہ سب سے زیادہ متاثر ہو سکتے ہیں۔ محققین نے ایک بینچ مارک کا استعمال کیا جسے "AI Occupational Exposure" کہا جاتا ہے اس بات کا اندازہ کرنے کے لیے کہ ChatGPT جیسی خدمات مختلف پیشوں میں کتنی خلل ڈال سکتی ہیں۔ انہوں نے نتیجہ اخذ کیا کہ تعلیم کے شعبے جس میں زبان، ادب، تاریخ، قانون، فلسفہ، مذہب، سماجیات، سیاسیات اور نفسیات کے پوسٹ سیکنڈری اساتذہ سب سے زیادہ متاثر ہوں گے۔ اس کے باوجود اس رکاوٹ کا لازمی طور پر یہ مطلب نہیں ہے کہ AI لاکھوں تدریسی ملازمتیں چھین لے گا۔ دریں اثنا، AI کی حدود انسانوں کو معنی خیز طور پر تبدیل کرنے کی صلاحیت پر نظر رکھ سکتی ہیں۔ ChatGPT اپنی کامیابیوں کے ساتھ ساتھ غلطیاں بھی پیدا کر رہا ہے۔ ایک حقیقت جسے اس کے تخلیق کاروں نے تسلیم کیا ہے جو محسوس کرتے ہیں کہ ٹیکنالوجی اب بھی "نقص اور محدود" ہے۔ مثال کے طور پر، یہ ریاضی کے بنیادی حسابات اور منطق میں ناکام ہو گیا ہے۔ یقینی طور پر، کچھ ملازمتیں بے کار بھی ہو سکتی ہیں۔

برسلز میں قائم تھنک ٹینک بروگل میں فیوچر آف ورک ٹیم کی ساتھی اور لیڈر لورا نورسکی نے بتایا کہ لیبر مارکیٹ پر چیٹ جی پی کا اثر واقعی کافی ہو گا۔ لیکن AI کے پاس "نوکریاں پیدا کرنے کی صلاحیت" بھی ہے۔ نورسکی کا مزید کہنا تھا کہ درحقیقت، ورلڈ اکنامک فورم نے اکتوبر 2020ء میں یہ نتیجہ اخذ کیا کہ جہاں AI ممکنہ طور پر 2025ء تک عالمی سطح پر 85 ملین ملازمتیں چھین لے گا، وہیں یہ بڑے ڈیٹا اور مشین لرننگ سے لے کر انفارمیشن سیکیورٹی اور ڈیجیٹل مارکیٹنگ تک کے شعبوں میں 97 ملین نئی ملازمتیں بھی پیدا کرے گا۔ نورسکی نے کہا کہ "یقین کے ساتھ کہا جا سکتا ہے کہ یہ ہمارے کام کرنے کے طریقے کو بدل دے گا۔"